徐
复
观
全
集

徐复观全集

青年与教育

九州出版社

图书在版编目（CIP）数据

青年与教育 / 徐复观著. -- 北京 : 九州出版社，
2013.12（2017.7重印）

（徐复观全集）

ISBN 978-7-5108-2551-4

Ⅰ. ①青… Ⅱ. ①徐… Ⅲ. ①青少年教育－文集
Ⅳ. ①G775-53

中国版本图书馆CIP数据核字(2013)第304289号

青年与教育

作　　者	徐复观　著
出版发行	九州出版社
地　　址	北京市西城区阜外大街甲 35 号（100037）
发行电话	(010)68992190/3/5/6
网　　址	www.jiuzhoupress.com
电子信箱	jiuzhou@jiuzhoupress.com
印　　刷	三河市东方印刷有限公司
开　　本	650 毫米 ×950 毫米　16 开
插页印张	0.5
印　　张	17.75
字　　数	197 千字
版　　次	2014 年 4 月第 1 版
印　　次	2017 年 7 月第 2 次印刷
书　　号	ISBN 978-7-5108-2551-4
定　　价	39.00 元

徐复观先生（居中，摄于日本留学时期）

世界至窮願至極海無遠闊之

多時

余每讀荒緣隱起乎九街得歷飄淪任公當

費先生創辦人生理事苦鬥於歲月之

極之願之所不容自巳錄此以祝

先生三週年紀念

牟潤孫

四十二年十二月

三日于九龍

徐复观先生为《人生》杂志创刊三周年所写的题词

出版前言

徐复观先生的著作散见于海内外多家出版社，选录文章、编辑体例不尽相同。现将他的著作重新编辑校订整理，名为《徐复观全集》出版。

《全集》共二十六册，书目如下：

一至十二册为徐复观先生译著、专著，过去已出版单行本，《全集》基本按原定稿成书时间顺序排列如下：

一、《中国人之思维方法》与《诗的原理》

二、《学术与政治之间》

三、《中国思想史论集》

四、《中国人性论史·先秦篇》

五、《中国艺术精神》与《石涛之一研究》

六、《中国文学论集》

七、《两汉思想史》（一）

八、《两汉思想史》（二）

九、《两汉思想史》（三）

十、《中国文学论集续篇》

十一、《中国经学史的基础》与《周官成立之时代及其思想性格》

十二、《中国思想史论集续篇》。编辑《全集》时，编者补入若干文章，并将原单行本《公孙龙子讲疏》一书收入其中。

十三至二十五册，将徐复观先生散篇文章分类拟题编辑成书：

十三、《儒家思想与现代社会》

十四、《论智识分子》

（二十一至二十三册是按《学术与政治之间》的题意，将作者关于中外时政的文论汇编成册，拟名为《学术与政治之间续篇》。）

徐复观先生的著作，以前有各种编辑版本，其中原编者加入的注释，在《全集》中依然保留的，以"原编者注"标明；编辑《全集》时，编者另外加入注释的，以"编者注"标明。

为更完整体现徐复观先生的思想脉络，编者将个别文章，在不同分类的卷中，酌情少量选取重复收入。

《全集》的编辑由徐复观先生哲嗣、台湾东海大学徐武军教授，台湾大学王晓波教授，武汉大学郭齐勇教授，台湾东海大学薛顺雄教授协力完成。

九州出版社

二〇一三年十二月

编者前言

　　徐复观教授，始名秉常，字佛观，于一九〇三年元月卅一日出生于湖北省浠水县徐家坳凤形塆。八岁从父执中公启蒙，续在武昌高等师范及国学馆接受中国传统经典训练。一九二八年赴日，大量接触社会主义思潮，后入日本士官学校，因九一八事件返国。授身军职，参与娘子关战役及武汉保卫战。一九四三年任军令部派驻延安联络参谋，与共产党高层多次直接接触。返重庆后，参与决策内层，同时拜入熊十力先生门下。在熊先生的开导下，重启对中国传统文化的信心，并从自身的实际经验中，体会出结合中国儒家思想及民主政治以救中国的理念。年近五十而志不遂，一九五一年转而致力于教育，择菁去芜地阐扬中国文化，并秉持理念评论时事。一九七〇年后迁居香港，诲人笔耕不辍。徐教授于一九八二年四月一日辞世。他是新儒学的大家之一，亦是台、港最具社会影响力的政论家，是二十世纪中国智识分子的典范。

　　我们参与《徐复观全集》的选编工作，是以诚敬的态度，完整地呈现徐复观教授对中华民族的热爱和执著，对理念的坚持，以及独特的人生轨迹。

　　九州出版社出版《徐复观全集》，使得徐复观教授累积的智慧，能完整地呈现给世人，我们相信徐复观教授是会感到非常欣慰的。

王晓波　郭齐勇
　　　　　　谨志
薛顺雄　徐武军

目 录

"计划教育"质疑

若把"计划"一词，作常识性的广义解释，则人事现象中，总含有若干计划性，值不得提出来标榜。若把"计划"限定为一个政府机构，根据政府的企图，去规限统制社会的活动，如"计划经济"之类，则其利弊得失，由各种情况和观点的不同，很难下一个绝对肯定或否定的结论。但拿计划经济的观点和办法，应用到教育上面，以形成所谓"计划教育"，则在现代教育史中，尚属少见的。

教育是对下一代的人负责的。仅就家庭言，当父母的只要能使自己的子弟受到合理的教育，使其身心有良好的发展，具备完整的人格，则当父母的责任已经尽到。有的父母，固然不免按照自己要做的事情去规定子女的教育方向，但稍有知识的，决不会以权威去强迫执行。因为这不仅当父母的不能完全料到他下一代的需要和环境，而且也不应把自己的希望去代替下一代自己选择、自己决定的权利。好心肠的父母，决不忍把下一代当作是上一代的无意志自由的工具。现代任何形态的政治家，他总不能说国家就是他的家庭，人民就是他的子弟，更不能把家庭中父兄对子弟所不能做、所不应做的事，通过政治的权力去为下一代越俎代庖地去做。政治是一种权力，权力是人类无可如何中的不愉快的产物。凡是正统的中西政治学说，无不以限制权力为第一义。所以一个政府，永远只能，而且也只应，处理摆在他眼面前的事情。把眼面前的事情处理得好，即是为将来开好了路，为将来奠定了基础。就教育来说，只要教育是合乎儿童、青年身心的正常发展，以养成他正常的选择力与担当力，则此一政府在教育上的责任便算尽到。至于下一代根据他的选择力与担当力去做些什么，这是应由下一代人的环境与意志去决定的。任何有能力的统治者，他不能完全掌握到下一代的环境，他不应彻底干涉到下一代的意志。因而仅仅根据这一代的眼前要求，以规定下一代人们的任务；这在民主政治的立场来看，确是值得加以考虑的。所以言论自由，学术思想自由，是人类自由的最后堡垒。只有靠着此一堡垒，才可以为人类留下无限生机，才可以使人性保持其无限的可能性。现代的政治家，多半根据教育原理去谈教育方针，而不轻于根据一时的政府要求去规定一种所谓"计划教育"。这其中，实有现代政治家的不敢和不忍的良心在发生作用。国家越进步，这一国家的政治家之不敢和不忍之心也越加显现。所以杜鲁门含着眼泪宣布他不再竞选第三次总统了。

有人说，我国政府，因鉴于大学生毕业后无出路，以致学校毕业，即是社会失业。于是规定，政府能容纳多少人，学校便培植多少人，这是我们"计划教育"的骨干，并不一定有垄断下一代之意。假定是如此，我承认这是一番好的用心，但同时也使我感到这一用心是出自一种可悲的背景。中国有一句传统的经济政策的口头语是"藏富于民"，而现代国家之所以成其为现代国家，乃是"藏势力于社会"。所以现代国家真正的事业，在社会而不在政府。学校所培植出的人才，其最大的出路，也是在社会而不在政府。美国此次动员之成绩欠佳，其主要原因之一，为社会事业中的第一流人才没有动员到政府中来，即其例证。因此，政府办教育，其主要的对象是社会，是受教育者之本身，而并不完全是政府。有许多社会事业可以容纳高等智识分子，固然可使社会更能进步；即使没有许多社会事业，可以容纳智识分子，只要政府培养有大批的身心发育健全的青年，散布在社会，则这些青年的本身即是社会的动力，即可以自己之力创造自己的事业，以促进国家的前进。国家力量，是由社会各分子分别创造出来的。没有创造力的社会，决不能产生有创造力的政府。假定这时的政府，偏要代替社会去包办一切，此即所谓极权政治。极权政治之罪恶在此，极权政治之必然崩坏的原因也在此。我国传统，智识分子，只知向政府找出路，此为阻碍国家进步的最大原因。而国民党十三年改组后，受共产党之影响太深。共产党是只承认作为统治主体的党，而决不承认社会的独立性；因之，过去国民政府也无形中是走的欧洲十七世纪的"万能政府"的路线。上述两原因反映在教育问题上，恐怕便是形成现在所谓"计划教育"的心理背景。殊不知，我们要国家现代化，政府正须准备走向社会的人才，使人才在工厂、商店以及农村和社会各个角落中，发生发酵的作用。至于受了高等教育而不肯走向社会，无能走向社会，这是教育本身的失败。政府应该针对这一点去用心，去下力，使学校培养出来的都是有人格独立尊严，有社会职业观念的青年，以转移智识分子的传统的风气，这才是建国的基本工作。若仅以政府的需要为培养人才的标准，则社会的需要，社会的动力，从什么地方产生呢？即退一步言，以统治过四万万五千万人民的政府，今日退而统治七百万人民的台湾，将来还要上到大陆去恢复过去的统治，则即使台湾的青年，皆具有专门以上的知识与修养，使台湾成为一个文化的岛国，这不仅是将来上到大陆去的本钱，而且也应该是今日政府的抱负，也是今日在台湾的青年的抱负。若问青年都变成了智识分子，则谁个去生产养他？其实，青年都变成了智识分子，青年便会自己生产来养自己，只要教育的方针对，是不必要政府为青年担忧的。而自由世界中，青年受教育的程度，也会有自然的调节限制作用。至于因受共产党的影响而抹煞社会存在的观念之应当改变，更不待多说。因为今日的政府，是反共的政府，当然要反其道而行的。

于是有人说，大陆上专科以上的学校，思想复杂，积极的作了共产党的应声虫，消极的成为政府的负担；假定今日政府在台湾，不极力加以计划的限制，岂不重蹈过去的覆辙？我认为大陆上教育的失败，假定政府人士，认为这仅应由自由主义的智识分子去负责，而不是当时的政府和国民党负最大的责任，则我敢断言，中国的教育只有更失败下去。关于这种根本性的检讨，暂时可置不论。我这里只想指出，大家都承认反共是思想对思想的斗争；若青年因受有高等教育而思想即接近共产党，则我们的反共还有什么前途呢？就整个共产党发展的情势看，凡是知识低落的地方或阶层，最适于共产党的滋长；而一个只有初中教育程度的人，最易受共产党思想的炫惑。曾在耶鲁大学讲过学的杰·德菲斯教授，曾经统计过，共产党的指导者中的四分之三，都在二十一岁以前，即开始了激烈的活动。所以共产党的干部，只好从流氓下手，从儿童下手，决不信任成熟了的智识分子，决不允许思想有半点自由，因为他的本质是反思想、反文化的。我们反共，正应以思想去反他的反思想，以成熟的思想去反他的幼稚思

青年与教育

想，这才有成功之望。一个政府的能力水准，是以支持他的文化意识水准去作衡断的。假定一个政府得不到一般成熟的文化意识的支持，这便是此一政府没落的信号，而应为该政府的负责人士，忧勤惕厉，深责痛改之资。如政府不此之图，反因此而怀疑文化，害怕青年之接受文化，更进而想以"工具主义"来代替自由演进的文化思想，其结果如何，真有令人所不忍言的。

卡来博士（Alexis Carrel）在其大著 Man, the Unknown 中有几句沉痛的话："国民、民族，若是由以自己寿命为时间测定的标准的人来指导，则一定会发生大的混乱与破绽。我们已经知道了此种实例。倒不如，对于远的将来的事情，作一种豫备，多教育次一代的青年。把我们时间的地平线伸向我们的彼方，这是非常必要的。"（日译本页二四四）一个人的生命有限，事业有限。我希望负国家责任的人，应透过"工具"的观念，为后代多留生机，则个人的有限，岂不随着生机的无限而同其无限吗？

一九五二年四月十五日于台中

一九五二年五月一日《自由中国》第六卷第九期

当前读经问题之争论
——为孔诞纪念专号而作

一

目前应否读经，实在是值得讨论的问题。主张读经的人，似乎尚未提出应当读经的充分理由以及读经的方法。我们不能仅以政治"工具"的观念来主张读经。政治之工具非一，"经"在许多工具中未必是一最有效底工具。其次，过去的经，是代表学问的整体。汉人的"三十而五经毕"，学问上大体就告一段落了。但经在今日的文化中决难居于独占地位，则如何去读，当然也值得认真研究一番。

在反对读经的一方面，我觉得所举出的理由也很少能成立。目前反对读经的空气，实高过主张读经的空气。以下试将时下流行的几种反对理由，略加以考察。

第一，反对读经最普遍的说法，以为读经即是复古，我们如何可以复古？关于古与今的关连，我在答友人第一书中（见《民主评论》三卷十八期）曾略加提过。首先，我应指出历史上没有真正复古的事情。有的是"托古改制"，如《周官》在中国政治历史中所发生的几次作用，及日本明治维新的"王政复古"。有的则系原始精神之再发现，如路德宗教改革，特求之于圣经的"直率底语言"。及宋儒之不满汉儒，颜李之不满宋儒，皆直接从四书入手。更普通底则为接受前人的精神遗产，由"承先"以"启后"。没有这种工作，则每一人都把自己当第一世祖，都是猿人，还有什么文化可言呢？上述三者，都有其特殊底意义，也都有其相互底关联，都是与古为缘，但不能说那一种是复古。"经"是中国的古典。英国人读莎士比亚甚至读柏拉图，亚里士多德，不是复古，何以中国人读中国的古典便是复古？复古，不仅是好不好的问题，而且是能不能的问题。站在真正现代史学的观点而论，"复古"一词，并不能成立。

第二，有人举出"经"中许多现在不可实行的事情，如丧祭之礼等，以证明经之不应读，其实，每一文化精神，常是通过某一时代的具体事件而表现。某一时代过去了，某一时代的具体事件之本身，多半即失掉其意义。读古典，是要通过这些具体事件以发现其背后的精神，因此而启发现在的精神。孔子已经说过："礼云礼云，玉帛云乎哉？"孟子已经说过："固哉，高叟之为诗也，以意逆志，是为得之"。并且说"尽信书，不如无书"。一切大宗教的经典中，都混淆着许多神话。我不相信现在信宗教的人，是连这些神话都硬吞下去，而反对宗教的人，也不会拿这些神话的成分作反对的重要理由，因为这不是宗教中心问题之所在。一般人只知道宋是儒学复兴的时代，而不知宋也是疑古的时代。朱子所疑之书，即有四十种；尤疑《书经》与《孝经》，故不肯为之作注。经且可疑，岂不可加以选择。因其可加以选择而即断定为不应读，因其所叙述之具体事件不合于今，而不考察其具体事件所代表之精神如何，即断定经为不应读，此种肤浅之见，也很难成立。

第三，是有人引了许多历史证据，说读经对于政治没有好处，主张读经的人多是无聊之人；并进一步主张政治不靠道德，而是要靠韩非和马基雅维里（Machiavelli）这类的统治之术。更提出一聪明结论，说统治者自己读经作修养之用，未尝不可；但不必推之社会。（此文听友人转述，但未亲眼看到）这种说法很巧妙，一方面，比上二说似乎实在，一方面达到了反对的目的，而又不太得罪主张读经的人。其实，中国历史上，读经有好处与无好处，读经的有好人与有坏人，两方面都有很多的材料。问题是在两种相反的材料中，哪一种与经的本身有必然底关系？等于问许多好底和坏底僧侣中，哪是和宗教的教义有必然底关系？如坏底僧侣与教义有必然底关系，则教义将随僧侣而俱倒。否则打倒了罪恶的僧侣，而仍无碍于路德们之根据圣经"率直底语言"以倡导宗教改革。所以仅摆出片面的材料以下断语，这不是研究问题的忠实态度。至于说萧曹之未读经而政治干得很好，这只说明各个人的政治才能，可以来自各种不同的经验；是否由此可以得出读经即妨碍了政治才能的结论呢？是否中国历史上凡鄙薄儒术的个人和朝代，即在政治上有了成就呢？统治者可读经以作个人修养，是不是"经"仅是统治者的工具，与一般人无干？或统治者与被统治者完全是两个对立阶级，而无人性的共同点，所以宜于彼者不宜于此呢？更重要的是我们对读经问题，应有一社会文化的观点，不能完全粘贴在政治上面。秦之焚坑，东汉末之党锢，唐之清流，宋之党碑、伪学，明之东林复社，无一不是对儒家的一种摧残压迫，何以见得"经"完全是统治者的工具，以对统治者之效能，来衡断经的价值呢？至于主张马基雅维里这一类的极权主义者之反对道德，因而也一定会反对儒家，反对经，这只要想到法家对儒家的攻击，则此一论者真正论据之所在，例不难了然的。

第四，还有的说法是"对经有研究的人，都不赞成读经"。此一说法的问题是在于其所谓对经有研究的是那些人？其有研究还是自己觉得，还是社会公认？并且凡是反什么的，都以为自己是研究了什么，不然便无从反起。反宗教的一定是研究了宗教，反资本主义的一定是解剖过资本主义。这里乃是一个基本态度问题。所以说这种话的人，只算是说明了他的态度，不算说明了他的理由。尚有一种人以为"古书在古有当有不当，在今则无一当。经是古书，所以今日不宜读"。照这种说法，岂特中国的经不宜读，中国今日可读的，恐怕只有用王云五先生的四角号码来编的报纸杂志了。只有如此，读书人才勉强可与古绝缘。

以上，我看不出反对读经者举出了充分理由；由此，亦可见当前智识分子对于文化本身的问题，也缺乏一种谨严认真底态度。

二

但是，除开当前反对读经者的各个理由以外，若从整个历史文化演进的过程看，从中国近百多年历史的夹杂情形看，则我对于反对读经的现象，倒可寄以同情；而中国文化本身受累之多，及当前中国智识分子因情形的夹杂而来的负担之重，使人真有任重而道远之感。

有人说，中国的传统文化，相当于欧洲中世纪的文化，此种说法，我不能承认。很简单底理由是：欧洲中世纪的文化，是以神为中心的文化。欧洲由中世走向近代，首先是由天国走向人间，由教堂走向世俗；所以进入近代的第一步，是建立世俗底国家，建立世俗底观念，可以说"世俗化"是从十六到十七世纪新兴势力主要努力的内容。但中国的文化，本来是人间底，是世俗底。这一基本的区别，如何可以抹煞？但若仅从外形上看，则中国以"经"为中心的文化，是中国的一大传统，与欧洲中世纪宗教文化之为欧洲之一大传统，既有相同，而自鸦片战争以来，中国须接收新底事物，接受新底观念，以应付新底情势，亦与欧洲近代的黎明期有相似。为了接受新底事物与观念，总系以反传统开始，乃自然之势。五四运动以来之反读经，当然是由这种自然之势而来底。它本身有其历史上的意义。

其次，以经为中心的中国文化，是一道德性底文化。并且是一个大一统底文化。我们若暂时把道德与一统本身的内容区别，搁置不谈（如中国性善，欧洲中世为原罪；中国以人为中心，中世以神为中心；中国重视主宰性，中世重视归依等），而仅就粗略底外形看，则与欧洲中世有相似之处。道德性底文化，一统性底文化，从某一方面说，是人的生活之向上，是人的生活之调和。但从另一方面说，也可以招来知性底沉滞；换言之，也可以招来生命力的束缚。近代基本精神的动力，一是"为知识而知识"，一是"为财富而财富"，这才是近代文化的两根脊梁，尤其是后者。这两根脊梁，都常要求从文化的道德性与一统性中得到解放；因此而五四运动以来的反读经运动，我们也应承认其有一解放的作用。

但，毕竟因为中国的传统，与欧洲中世的传统，有其内容上之不同，并且中国的反传统运动，已较欧洲落后了四个半世纪，于是在此过程中，不能不多出许多夹杂。不了解这种夹杂，不能从夹杂中透出来，而仅抱一偏之见，一往直前，这便使中国知识分子至今一无成就，只好从反面烘托出了一个共产党。

首先，以经为中心的中国传统文化，是以人为中心的道德文化，它本身不似宗教之与人间，存在一种隔离性。反宗教的传统，常是反对这种隔离性。中国的传统，没有这种隔离性可资反对。

其次，宗教传统，有一固定"教会"为其负荷者，以与其他势力相对立。欧洲近代黎明期，只是反教会教皇，而并不反教义。这便不是反对宗教之本身。到了十七八世纪，才流行"理神论"，使新思想与教义调和，也没有把宗教一笔抹煞。所以真正说起来，欧洲近代的反传统，是有其自然底节制。但中国的经，并无一特定负荷之固定团体，与其他社会势力相对立；于是这一反，便直接反到经的本身，反到传统的根荄，等于连根拔起。老实讲，连根拔起的反传统，是会反得两头落空底。

还有许多人认为经是代表封建的东西，反读经即是反封建。欧洲近代的开头，与反罗马教会一起的是反封建。此种说法，必须先接受马克思的一个大前提，思想完全是由生产关系所决定。但马克思以小资产阶级者生于资本主义鼎盛之十九世纪，而倡导共产主义，此一事实，已否定了其本身所建立之大前提。同时，欧洲之反封建，有僧侣、领主、贵族等具体底对象，当时并没有提出那是封建思想，因从而反对之。中国的反封建，在共产党斗争地主以前，缺少社会性底明确对象，却直接指向中国文化中心的"经"上面，其与欧洲反封建的意义，自不相同。况且中国之反读经者，常以欧洲启蒙运动相比附，而不知儒家德治礼治思想，却在法国德国发生了推动启蒙运动的作用。此一历史事实，应当可以供指"经"为封建思想者以反省。（此点将另文介绍。）最后，欧洲中世以宗教为中心的传统，其根据地在罗马。这对其他许多国家来说，都是非民族性底。拉斯基（Laski）追溯英国宗教改革所以容易成功的主要原因之一，是因为对于僧侣们与国外的关系所发生的疑惑，即系由于丢都尔（Tudor, 1485—1603）王朝的民族主义底意识。但以"经"为中心的传统，是我们民族的血肉相承底，这在反的上面，岂能毫无分寸。

更从积极方面去看，欧洲近代黎明期的知性解放，都遇着以宗教为传统中心的反抗，如哥白尼、加利略、开普勒、哈维等。从这种反抗中解放出来，便成就自然科学。这是有不能不反之势。说也奇怪，中国对于自然科学之向往，乃至在实际上稍有成就，皆出之孔孟之徒，如曾国藩、李鸿章、张之洞等，其事实皆斑斑可考。最低限度，中国向知性的追求，并没有受到以孔孟为中心的传统反抗。中国真正研究自然科学的人，纵然对传统毫无兴趣，但谁也没有因此而受到压迫，或有被压迫之感。关于科学方法的介绍，只嫌做得不够。五四运动，虽揭科学与民主以反对礼教，但当时并没有人拿着礼教去反对共和，当遗老的只是极少数。更没有人拿礼教去打自然科学。当时领导人物如胡适之先生，在其英文本《先秦名学史》中，曾倡言他打倒孔家店的两大战略，第一是解除传统道德底束缚，第二是提倡一切非儒家思想，即诸子百家。在他这两大战略中，我看不出哪一战略是与成就科学与民主有必然的关系。在胡先生两大战略中，只看出他对自己民族历史文化的一种先天憎恶之情，希望在他的实证底考证事业中将主干和根拔起。胡先生当时耸动一时的一是白话文，这针对文言而言，是有一确定底对象与意义，所以得到了成功。一是他的"红学"(《红楼梦》之学），也给当时青年男女以情绪上的满足。我记得民国十年有位刘子通先生到湖北来传播新思想，先讲心理学，大家无所谓。后来带着学生到城墙上去讲红学，一般青年才真正意识到传统与非传统的鸿沟，而为之一时风动了。胡先生只挂着科学与民主的招牌，凭着生活的情绪，顺着人性的弱点去反传统。传统受了打击，胡先生成了大名，但知性是能凭借《红楼梦》考证而得到解放，而能有所着落吗？以红学的底子去反对孔孟，无怪乎他对科学的真情，反而赶不上读孔孟之书的清季若干士大夫，决非偶然之事。其与欧洲近代黎明时期之因解放知性而反对传统，没有可以比附的地方。

真正说起来，以五四运动为中心的反传统主义者，实以想改变社会生活习惯，社会生活秩序为内容的。这一点，我承认也有其意义。但欧洲社会生活之改变，是拿"为财富而追求财富"作一主题，随财富追求者之成功而社会秩序亦完成其改变的。换言之，各种建立新秩序之思想，是环绕资本主义之发展，使资本主义之要求得到"正当化"的地位而发生成长的。我们也或许可以不满意此一历史事实，但此一事实之另一意义为社会秩序之改变，因其有一明显之目标，因之，有一自然之制约，而得赋与一坚实之内容，故能顺着一条路下去，开花结果。新地理之发现，新技术的发明应用，都鼓励并保障了财富追求者，使其能冲破潜在人心之内及人心之外的各种限制，一往直前，把辉煌底产业，摆在社会面前，使当事者满足，旁观者欣羡。传统为要求自己的生存，只能努力于自身对此一新环境之适应，一切问题也就解决了。但中国没有赶上这一幸运时机。在西方资本主义压抑之下，没有鼓励保障财富追求者的条件。加以由财富追求所造成的资本主义，在我们以孱弱之躯，缓慢之步，想向它追踪继武时，它的本身却已盛极而衰，另一新底势力，新底意识，想向它问鼎之轻重了。于是我们社会新底秩序，到底以何种势力为骨干，向何种方向去形成，都令人捉摸不定。主张革新的人士，只要求传统向它投降；认为传统投降了，一切便得到解决。问题的不能解决，只是因为传统在作怪；传统投降了，却对传统无法收容，觉得只有尽坑降卒四十万，才妥当而痛快；但传统坑尽之后，并没有一个新社会来作反传统者立足之地。而且最奇怪的现象是，凡是极端反传统的人，都是在新的思想上，新的事物上，乃至在一切学问事功上，完全交白卷的人。钱玄同这种人不待说，胡适先生自己，除了背着一个包着瓦砾的包袱以外，谁能指出他在学问上的成就是什么？"好人政治"的提出，连"民主"的招牌也丢掉了。

传统是由一群人的创造，得到多数人的承认，受过长时间的考验，因而成为一般大众的文化生活内容。能够形成一个传统的东西，其本身即系一历史真理。传统不怕反，传统经过一度反了以后，它将由新底发掘，以新底意义，重新回到反者之面前。欧洲不仅没有反掉宗教，而昔日认为黑暗时代的中世纪，拉斯基在其《欧洲自由主义之发达》中，叙述了自由主义的成就后，接着说："不消说，其代价（自由主义的成就）也是非常底大。即是，因此而我们失掉了使用若干中世底原理的权力。——这种原理之复兴，在我想，认为确实可成为人类的利益。"（日译本第九页）这是欧洲反传统得到了结果以后，所发出的反省之声。我们反来反去，却反出一个共产党来，这还不值得我们的反省吗？

青年与教育

三

依我个人粗陋之见，中国的传统，不是需要反，而是需要清理。清理的对象，是由我们文化所凭借的历史条件带来的东西。

我们文化所凭借的历史条件，若以之和西方比较，不难发现一最大不幸底事实，因此而可对中国古往今来的一切智识分子，寄与以同情。西方文化，自希腊以至近代，都是由社会财富所培养出来的。中世纪的骨干是教会，教会也是一种独立性底财富团体。欧洲的政治宫庭，对文化的关连，是渺不足道。此一事实，使智识分子，可以自立于现实政治之外去从事文化工作，而不受到政治的干扰。当然，社会的本身，对文化也有制约的作用，但这种制约是分散底，间接底，弹性底；而现实政治对文化的干扰，则是集中底，直接底，强制底。西方文化在社会财富基盘之上，依然可以保证文化之纯粹性、超绝性，而不致受现实政治利害的限制；虽然有，也可一层一层地突破。伟大底宗教与科学，都是在其一往直前的纯粹性与超绝性上所成就底。中国文化，自始即以政治关系中心。集大成底孔孟，都要"传食于诸侯"，靠政治关系吃饭。群雄并立，利用群雄好风好雨的间隙，大家还可以选择较为适合的环境以自鸣其说。及大一统之局既成，社会财富，不能与士人结合起来以自立于社会之上，于是士人要有所成就表现，只能在一个唯一底现实政治关系中打转，这便影响到中国文化发展过程中的纯粹性与独立性。不与现实政治发生关系，即为隐沦之士，假定对政治有所不满，便有随时被指为叛夫之虞。智识分子没有自由活动的社会平面，文化即失掉其自律与自主底伸展。

宋儒及明中叶以后一部分士人，渐意识到文化的社会性，而不把朝廷视为文化的函数，故儒学得到新底发展。（《朱子语类》卷八一，黄卓录"民之于君，聚则为君臣，散则为仇雠，如孟子所谓君之视臣如草芥，则臣视君如寇仇是也"。此系儒家对君主之基本态度，但此一态度能尽量发展吗？）然结果都受到政治之打击与束缚，其基本精神，不能继续下去。一般士人，为了做官而谈政治，决不能构成政治学；为了争宠而说有谈无，决不能构成哲学。于是中国历史上的大多数士大夫，总是自觉或不自觉底挟带着满身政治污秽，而中国文化的真精神，也常不免和这种污秽夹杂在一起。此一历史的条件，一直到现在还没有改变。大陆上正蒙"洗脑"之羞，大陆以外者，"差无床第之辱耳"。现在的智识分子，应从这种自反自悲中奋发起来，清理我们文化在历史中所受的负累，使几个顶天立地的观念，彻底透露出来，以润泽现在焦萎欲死的人生，而不必先凭一股浅薄颠顸之气，要反一切，打倒一切，轻薄一切。

基于上述观点，落在读经问题上，我补充以下的理由，是赞成有限度读经底。

第一，我们假使不是有民族精神的自虐狂，则作为一个中国人，总应该承认自己有文化，总应该珍重自己的文化。世界上找不出任何例子，像我们许多浅薄之徒，一无所知底自己抹煞自己的文化。连苏联把文化的阶级性说得这样死硬，但现在连恐怖伊凡也拿出来了。假定它的历史中有尧、舜、禹、汤、文、武、周公、孔、孟，我想苏联总会把它捧到伊凡以上去吧！中国文化，是一个有"统"的文化，不似欧洲作多角形发展。而此有统底文化的根源便是"经"。胡适之先生拿诸子来打"经"，来打儒家的策略，他没有理由说"经"说"儒家"在文化上的地位，比诸子百家轻，而仅是擒贼擒王的办法。一口说不读经，实际即一口抹煞了中国文化的主流，于情于理，皆所不许。

第二，我们要承认变中有常，人类始能在宇宙中历史中取得一个立足点。而常道之显露，总是超越时间性而永远与人以提撕指示的。中国的经，不能说都是常道。但在人之所以为人的这一方面，确显示了常道，而可对自己的民族，永远在精神的流注贯通中，与我们以启发鼓励、提撕、温暖，我觉得这是无可置疑底。

第三，共产党在大陆之所为，恰恰是儒家思想的反面。人类的觉悟，常常是从反面逼出来的。有了共产党这一反面的对照，益觉我们的"经"的这一文化系统，真是布帛粟菽，应靠着它恢复人的本性本味。

第四，我们应坦白承认是在流亡之中。庄子说："逃空谷者，闻人足音，则跫然以喜"，何况是自己文化的根源。流亡者已经失掉了地平面上的卷舒，何可再失掉精神上纵贯底提携维系。

操专门之业，而其业与经有关的，如史学、哲学或文学等，皆应精研经中有关的部分，这是不待说的。至于一般读经问题，我认为在小学中应有若干经的故事，应选择若干切近而易了解的经中的文句，作学校中的格言标语，于周会加以讲解，使受了国民教育的人，知道中国有经，有圣人，有切身做人的道理。再将《论》、《孟》、《学》、《庸》、《礼记》、《诗经》中精选若干，共不超过一万言，或汇为一篇，在课程中立一专课。或分别插入国文公民中，而将现在课本内许多无聊底东西抽掉，按其内容之深浅，分别在高初级中学中讲授，更于历史中加一点经学史。如此，则学生之负担不加重，而经之大义微言，亦略可窥其大概。大学则应近于专门之业，以其所专者去治经，可不列在一般读经范围之内。

除学校教育以外，我希望成年人，不论作何职业，手头能保持一部"四书"，可能时，再加一部《近思录》，于晨昏之暇，随意浏览，我相信对于自己的精神生活总会有所培补底。但这只可出之于社会的提倡，而不可出之于政府硬性的规定。有人很瞧不起"四书"与《近思录》，觉得太平常了。但只要你能体会得到这种平常，你才算对于中国文化摸到一点门径。

其次，还要附带提一点对于经的讲解问题。考据校刊，乃专门之业，与经之大义关系不大。朱子曾经说过，这与义理是另一学问；姚姬传亦以义理、词章、考据三门平列。学校授经，当然应该注重义理。有的先生们以个人的兴趣，在几点钟的功课中，强学生以校刊考据之业，真是于义无取。此其一。中国的义理，与西方哲学不同者，在其实践底基本性格。故缺少此种实践功夫底，很难信其对经的义理有所了解。所以《论》《孟》《学》《庸》，应以朱子集注为主；其他各经，有宋儒注释底，都应加以尊重。因为他们有这一段实践工夫，精神可以相通，声气可以相接，对经的义理自较了解真切。纵使他们在名物训诂上有不及清儒的地方，但这都无关宏旨。今日若欲继宋儒而对经的义理作新底发掘，必须对西方哲学真有研究的人，把西方思索的态度与线索，反射过来，以作新底反省，才有可能。今人常以为几天抄录工夫，即可压倒历史权威的著作，以此种浮薄之气，而言整理经学，则经学又将受到新八股之厄运了。至于今日包揽教科书利益的集团，喜欢把自己弄不清楚的字句、内容，选到教科书里面，如把《论语》的"因不失其亲，亦可宗也"，选到初中国文里；把《孟子》

的"养气"章选到高中国文里；把《乾·文言》选作大一国文的第一课，此种人，随处都与儿童、青年为敌，那就更无从说起。

　　附记：本文所说的经，是以十三经为范围底。

九月十二日夜于台中

一九五二年十月一日《民主评论》第三卷第二十期

对南洋大学的期待

新加坡华侨筹办一所纯学术性的南洋大学，这说明了华侨在海外奋斗中，已慢慢由纯经济的动机，进而形成了文化的动机。此一事实的客观意义，是表现华侨自身已经有了高度的自觉，除了为个人物质生活的满足而努力以外，还感到应当为民族的过去和将来，也当尽一分责任。所以南洋大学之出现，对于华侨的自身，乃至对于我们民族的生存发展，都是一件大事。

只看他们郑重其事地聘请林语堂博士充任校长，不能说他们没有眼光，更不能说他们没有诚意。林博士接受聘约以后，决心要办成一座第一流的大学，为华侨争光，为祖国争光，其着眼与用心，可谓能见其大。现在报章杂志喧传南大发生了波折，董事会与林博士之间，弄得很不愉快，这确是一个最大的不幸。吾人愿借此机会，一述对南大所不能自已的期待。

首先在董事会方面，有两点似乎值得考虑：

第一，董事会之与校方，不是一种劳资关系。董事会不是资方而是东主，校方不是雇佣劳动者而是宾师。中国传统文化中有一种美德，就是东主对于宾师的尊重。相传满清骄横跋扈的年羹尧有一副对联是："不敬先生，天诛地灭；误人子弟，男盗女娼。"林博士办南大，力争上流，似乎没有误人子弟之意，则董事会诸公应发挥传统的美德，对于林博士及其他聘请来的先生，要代替华侨青年子弟，先做到尊师重道的情谊。

第二，办教育是一种事业。此种事业之经营，有一点与工商业之经营相似，即择人须慎，而任人必专。董事会只可以考成，而不宜于多所干涉。尤其是文化教育，说起来似乎每一个人都懂得一点；但真想办好一个大学，则需要从头到尾，真正有一套有系统的知识在那里发纵指示。最怕一知半解的人，强充内行，横生意见。譬如一个公司，假定每一股东都要自作主张，则任何有能力的总经理在经营上也没有办法。大家在文化上的贡献，应表现为出钱出力而少出意见，这才能得到预期的效果。如果先存一个"我既出了钱，我便作得主"的心，那便使办教育的人无从负责，无从下手，结果，大家的钱和力都会白费的，这岂不与董事会诸公原来的伟大动机相反吗？

不过，我看过林博士的申明以后，对于现代知识分子的自身，不免也发生一点感想；即是，林博士所说的蜚声国际的中国知识分子，当然在学识乃至品格方面，都是很够标准；但我觉得他们可以在现成的文化成果中，尽一分头脑劳动者在契约范约内的责任。至于当存亡绝续之交，不计个人利害，不为环境转移，艰苦向前，百折不悔，以自尽其对文化上所应负的一份力量，则恐怕中国在国际蜚声的一般高级知识分子，都无意及此。

因为在这般高级知识分子的生命中，似乎还缺少一样东西，即是起码的救世精神。救世精神的内容，是无穷无限，我们不能希望每一个人都能做圣人，都能做大宗教家。但是我们只要留心人类历史，凡在艰难困苦的时代，能为人类延续文化命脉，开创文化生机的人，其内心总多少蕴蓄有一份悲悯之情，因而发生一种为人类担当责任的宏愿。于是人的交接主要是来自情意的感通，而不完全靠契约的关系；事的基础主要是来自精神的奋斗，而不完全靠外在条件的安排。因为当艰屯之运，不仅契约有时失灵，或者开始并找不出契约的对象。不仅外在条件根本不会完备，或者开始是一无所有，要经过自己精力一点一滴地去经营。不如此，便将发现芸芸众生，一无是处；茫茫大地，绝少机缘；满脑子的知识，极其量也不过是孤芳自赏。

现时欧、美诸先进国家，已经历了二三百年的艰难缔造，固然可以先谈好契约，安排就条件，以便知识分子发挥自己的能力，这是时代的进步，也是知识分子的幸福。但中国的处境，既迫切希望这些高级知识分子能为祖国效力，而祖国不论从哪一方面说，也不能为这些高级知识分子安排并可以比美欧、美先进国家那样的条件。因此，我常常想，现在蜚声国际的这批高级知识分子，固然是民族的精华，但只要他们能在国际上蜚声一天，我们这可怜的祖国，会永远得不到他们的光顾，哪怕是在共产统治推翻之后。

所以在这些高级知识分子的生命中，能吹进一点起码的救世精神，以作为他们知识的动力，这为了祖国能够拥抱这一批肖子贤孙，恐怕是非常需要的。我这并不是专为南洋大学的各位先生而发，但是南洋大学的各位先生假定能多从这种地方转念头，或许对于许多困难问题的解决能有所帮助，第一流大学的志愿，便首先在此种精神之上树立其基础了。

——一九五五年三月六日《华侨日报》

为青年求学作一呼吁

去岁教育部规定统一招生办法，可以减少青年在投考时精力时间的浪费，用意至善。但事后却发现了应当加以补救的缺点，即是由统一招生而来的统一分发，引起了许多青年的不满。不满的原因非一，有的也并没有充分的理由，可是其中教育当局应该重视的，即是违反了青年自己选择学科的志愿。我在农学院教的五十二名一年级的学生中，有的读了工学院一年的，有的读了师范学院一年的，有的读了工专或行政专校一年的，有的是在高中时已准备学工、学文、学法，有的还是由某军事机构特别培植去学工的。这种学生一律被动地分发到农学院，不仅违反了自己的志愿，并且也牺牲了过去为了想学那一门所作的准备基础，他们不满的情绪是不难想见的。农学院所反映的情形是如此，我们也可以推想到会有若干想学农而没有机会进农学院的，也会同样地不满。近代教育，是建立在发展个性之上，则这种不满，应当值得同情，值得考虑。当然，一个青年能否按照自己的志愿前进，自己应负大半责任，不能完全怨望政府或学校。例如政府或学校，因为哪一部门是热门，竞争的人数特别多，取的标准便不能不提高，于是被淘汰的可能性便特别大，政府只好把成绩较差的学生从热门中调节到冷门中去。这种用心并不能说不对。但一般青年的心理，总是对于由自己直接竞争的结果，输了也觉得心甘情愿。由政府代他们决定的结果，他们便觉得这是"乔太守乱点鸳鸯谱"，心理上总有所不甘，这便影响到他们求学的情绪。

政府是为了青年而办教育。上述青年因违反了自己志愿而发生的不满情绪，政府最低限度应允许青年作自力补救的努力。这种自力补救的努力，是自由社会里根据自由意志所发生的自动调节的最大机能。现在许多青年宁愿多花费一年在学时间，重新考他们所愿进的学校与科系。考取了，他可以按照自己预定的目标奋斗；考不取，他只好接受自己力量所能达到的目标转换方向，安分守己地努力于他所命定的部门而无怨言。这是联合招生后所应有的，而且也是合理的现象。但是现在联合招生的办法中，把青年的这种努力也硬性地堵死了。考大学一年级的集体报名，只限于今年毕业的学生，个别报名，则身份证上已有其他学籍的，便需要有原校的退学证明书。此办法虽未正式禁止学生重新投考自己所志愿的大学，但事实上是给学生以精神上的威胁，使学生居于有进无退，冒着一种再试不中，立即有失学的危险。这一规定，为过去从来所未有。我不知道新设此一规定，以剥夺青年自由选择的机会，扼杀青年个性的发展，对于教育有何好处。我想惟一的顾虑，是阻止比较好的学生都向比较好的学校集中，以致次等的学校发生学生恐慌。不过，这种硬性的保障，只是剥夺青年的自由，牺牲青年的前途，以成就次等学校的惰性。学校的好坏，主要关系于各学校自身的努力。学校是否努力，青年立刻可以感觉得到。只要办教育的人，多听点学生的意见，我们便不应把青年的认识能力估计得太低。站在国家的立场，应当使天资较好的青年得到较好的成就。学校是为了青年办的，而不是为了办教育的人来支持自己门面的。为了支持自己的门面而硬性地杜绝青年奋斗之路，这总值得良心的反省。何况今日许多不很像样的私立学校都有人满之患，则公立学校又何必着急没有学生呢？所以今年联合招生的办法中，关于限制青年重新自由选择学校的规定，我希望教育当局能重新考虑一下。这种问题很简单。办教育的人自己也曾当过学生，自己也会有子弟，推己及人，便不难对青年多一份体谅，并多负一点责任。

一九五五年七月三日《联合报》

为学习而写作

这里所说的写作，不是仅指文艺的写作而言。凡是一个人，把他所见、所闻、所思、所感，用文字表达出来，我在这里都称之为写作。

各人写作的动机并不一样。有的是为了换稿费，有的是为了扩大自己存在的范围，有的是为了自己内心的一股不容自己之情，有的则是出于对天下后世的责任感。这里不必评断各种动机的高下，并且一个人写作时的动机，也常常不仅是出于一种。我仅想特别指出，在上述各种动机之外，还有一种动机，即是把写作当作自己学习的过程，当作自己做学问的一种手段。我在这里所要谈的正是这种动机的写作，因为这对于有志做学问的青年特为重要。

做学问最基本的工作，首在收集资料，整理资料，把资料加以消化。当以某一问题为中心而开始收集资料时，由此一资料而涉及彼一资料，辗转牵涉，便会头绪纷繁，出入互见；此时写一篇文章以便把头绪加以清理，把出入加以比较，这是整理资料的一种最切实而妥当的方法；经过这番手续之后，对某一问题，或某一问题的某一层次，即可随之告一段落，而我们便可顺理成章地去做第二步工作。这便把自己向前推进了一步。还有，每个人都有一种惰性；因此明知资料的重要，但常常怠于去搜寻，或东涂西抹地找不出一个头绪。假定你现在要写一篇什么文章，便逼着非去找资料不可；并且你想写的题目，同时就指示了找资料的目标，而不至泛滥无归。由这种自己逼自己的方法，一个人的蓄积便慢慢丰富起来了。

其次，做学问进一步的工作，是要养成自己的思考能力。思想才是做学问的灵魂。有思考能力，才能真正消化资料，因而每一资料也都能赋与一种新的生命。中国由有些人所领导的历史研究工作，只知道前面的一点，而不知道这一点。所以花很多人力财力，所成就的，只是没有灵魂的饾饤之学；严格地说，这根本不能算是学问。思考的起码表现便是对某些东西的"感想"。这些感想，不仅须要经过进一步的思考始能辨别其对不对，并且即使是对的感想，也只有经过不断的思考才能长成、充实，否则只是停留在朦胧的状态之中，不久便会顺着生命之流而消失。只有当你有某种感想，经过初步的思考而觉其值得写出，你便决心将它写出时，你的思考力便随着文章的展开而展开，随着文字的锻炼而锻炼。就我个人的经验来说，在写的经历中对问题所发掘的深度和广度，决非开始拿笔时所能想到。并且常常在开始以为是对的，结果发现不对；开始以为不对的，结果发现是对。所以"写"是发展锻炼思考的重要方法。因为它提供了思考力一条线索，而思考总是要凭借一条线索的。若把整理资料比譬为自然科学研究中的实验，则以写的方法来发展思考、锻炼思考，有同于自然科学研究中的演算。我不赞成多产作家，因为这种作家大抵都不能满足上述的两种要求，而只是在一副文章的空格中填满些废话。但我近几年才了解一生读书而不肯轻写一字的人，站在做学问的观点来说，是最吃亏的事。因此，我深悔过去的太懒于写作。

一个人要作写作的准备，如果是文艺方面的，应养成随时观察事物特性的习惯。如果一般文史方面的，应养成随手抄录资料的习惯。我觉得抄书是写文章的起点。因为你想抄某一篇某一段东西的时候，已经是初步发生了选择的作用。所以也是在收集资料时的初步整理工作。

青年人已经有勇气写作了，最紧要的一点是，不管你的文章写得怎么好、怎样结实，但在自己的心目中，只能认这不过是一种假定的说法；不仅准备随时被人家推翻，也要准备随时被自己推翻，更要准备随时被新发现的材料推翻。一个人的进步，就表现在自己不断地推翻自己的结论之上。专心做学问的人，对于自己所说的，总要过了四十岁以后才能稍有自信。自然也有若干例外，但谈一般问题时，可以不涉及例外的问题。我为什么要说这一点呢？因为有许多聪明人，年轻时候对某一问题有某种看法，把他写了出来，这并非坏事。但以后便以一生之力，去辩护他的看法；于是对前人或外人的著述，不惜采用断章取义的手段征引，来作自说的根据。这样一来，便再不能客观地读一本书，再不能平实地吸收一种道理，而只是把自己的精神完全封闭在自己不成熟的感想中，使其成为染上特殊颜色的染色体；任何学说，一经此种染色体反映出来，无不改形变样，而自己尚矜为独特之见，就这种人自己说，是非常的可怜；就社会说，这种似是而非的东西必标新立异，最易为浅薄自甘的人所接受，而成为学术文化发展的一种阻力。所以古人对于自己的诗文，都要严加裁汰，不轻易保存少年的作品，何况著书立说？现时中国文化界、学术界，到处充满了成熟太早、永无进步的人物。真正有志于学术的青年，不仅不可被这类的人物吓唬住，并且应以这类人物为大戒。

　　归结地说，由青年以至老年，皆是为了学习而写作，皆是以学习的心情来写作，可能是流弊最少的写作。

一九五六年六月一日《大学生活》第二卷第二期

有关大专毕业学生服兵役现役时期的一个建议

国民对国家的基本义务有二：一为纳税，一为服兵役。凡属义务，与权利相同，必须立足于一律平等的原则之上。所以现在台湾的自由中国政府，把大专毕业学生，很平等地纳入于现行兵役制度之中，这应当是一个进步。

兵役制度中，国民服役时期的长短，是适应国家某一阶段的国防政策的要求。国防的力量，应当以一国的文化与经济为基础，不能仅看到军事方面。军事的要求，与经济、文化的要求，常处于对立的状态。因此，当决定国防政策，由国防政策以决定兵役制度中服役时期的长短时，首须考虑到文化、经济、军事三方面，应如何使其可以得到适当的均衡。假定只顾到文化和经济方面而忽略了军事方面，便不容易应付突发的事变。相反的，若只顾到军事方面，而妨碍到文化和经济方面，便削弱了国家的根基，一时的军事力量也将成为空中楼阁。文化和经济，是国民和国家的经常生活，其所追求的目标是无限制的；并且文化和经济的成就，同时即是军事的潜力。军事是国民和国家的非常生活，其所追求的目标是应受严格的限制；并且军事力量的形成，在事势上必须消耗文化和经济的力量。所以在国防体系中决定军事政策，必须采用军事上最经济的原则；即是采用以最少的物力人力，达到军事的最高效率，使文化和经济，因军事设施所发生的不良影响，减少到最低限度的原则。基于此一原则，我对于大专毕业学生的现役服役期限，愿意提供一点意见，希望能得到当局者平心静气的考虑。

现时兵役制度，一般国民所服现役为二十四个月；大专毕业学生，因在高中和大学一共受了七年军训，折合为六个月的现役，所以只服现役十八个月，其分配如下：预备军官训练三个月，兵科学校分科训练四个月，服役十一个月，共十八个月。

现在大专毕业学生的一般程度，对于他所学的东西只能说刚刚有点头绪。一个大专学生的成才或不成才，乃决定于他毕业后是否有继续努力学业的机会。十八个月的军中生活，可能把他们所学的一点头绪都忘掉了，以后要重新恢复起来再继续上进，一定会发生很大的困难。这些学生，是一个国家的文化与经济力量创造的中坚。他们毕业后因服役期间太长所引起的在学业上的损失，即是国家基本国力所受的损失。假使不如此，便影响到军事上的效率，则这种损失也只有忍受。假使减少这种损失而不影响到军事上的效率，则站在国家整个的需要来说，便应当根据军事、经济的原则，设法与以减少。在我看，若是采取适当的措施，则一方面减少学生在学业上的损失，另一方面仍不影响军事的效率，是绝对可能的。

战前的日本，在世界各国中，兵役制度最为严格。但大专学生服现役只有六个月。他们为什么能把大专学生的现役缩得这样短呢？第一，因为学校军训有成绩。第二，因为大专学生的智能上比一般国民高。第三，基于对文化与经济活力上的要求。现在训练的方法和训练的设备，较战前远为进步，训练效率也较战前大为提高；则我们的大专毕业生，在适当措施之下，实在没有服现役十八个月的必要。

我所说的适当的措施，主要是加强学校军训。现在的学校军训，站于纯军事的观点来看，可以说是有名无实；站在什么组织的立场来讲，可以说是自欺欺人。这都是最明显的事实，我不必多说。所以应当作如下的调整：

一、限定军事教官的任务，只管军事训练，不管其他。有的朋友想得很天真，要把军事教官形成领导各学校学生活动的中心，通过此一中心来掌握各个学校。其实，现时各校的校长及训导处，谁敢不受青年反共救国团的领导控制？这都是现成的组织中心，何必舍大而图小？其次，军训教官在学生心目中的分量，如何中心得起来？中心不起来而必勉强使其作中心，结果是学校当局拿着军训教官来作应付青年反共救国团的护身符，大家藏在军训教官后面以便推卸责任；于是学校对学生的领导力量一天薄弱一天，太保学生正向大专中膨胀，但大家心照不宣地说：这都是青年反共救国团的组织中心的责任呀，我们管不着。军训教官处在这种敬鬼神而远之的尴尬地位，不仅中心不起来，反而荒废了自己的"正业"——军训。不如看穿一点，循名责实，军训便是军训，此外概由学校行政系统负责，谁也不能推卸。如此，便可权责分明，解除教官在学校中的实际困难。

二、加强军训课程。高中军训课程我不知道，大专的军训课程，学科占三分之二，术科除射击及立正稍息的制式科目外，战斗教练等于零。而学科的内容是总动员和战史。我曾在日本受过正式的陆军士官教育，所教的主要是典范令和教程。总动员及战史，是陆军大学课程中的一部分。现在我们的学生在实际上还未完成一个上等兵的训练，却大谈其总动员和战史，这真有点近乎滑稽。其所以如此，我想不外两个原因。一是典范令和教程不容易教，而总动员和战史，则不管懂不懂，容易吹大炮。二是教前者恐怕学生听不起兴趣，以为教后者容易吸引听众。但站在军事效率的立场讲，可以说这完全是浪费。我觉得自高中军训开始，应完成按照军事的要求来定训练的进度，根据训练的进度来决定学科、术科。高中以完成班战斗训练为主要目的，大专以完成排连战斗教练为目的。这中间，不浪费半分时间。

三、加强教官阵容。现时学校军训教官，在不训练时则嫌其太多，在训练时又嫌其太少，同时上学科时，分工也成为问题。我认为应将全省划成若干训练中心，各校常驻教官，以一人或二人为已足；但在中心内保持一个相当完整的训练军官团，对各校循环机动使用，使各校每一次训练时能配备以充分的人力，不训练时也免使教官们闲得无聊。

四、利用寒暑假作大规模之野外集中训练。平时校中训练，因其有间断性，不易收集中训练之效。现时反共救国团在寒暑假中花费大量金钱去作各种青年活动，这些活动节目，为迎合青年心理而设计的成分多，为适应军事要求、国防要求而设计的成分少。假使把这些活动节目完全改为野外的集中军事训练，则七年间的寒暑假，假定每一学生可以利用到三分之一乃至四分之一的时间，则其效率的提高，任何人也可以想见。这在学生方面既可以节省服役时间，在国家方面可以收军事实效。此种活动节目的转变，好像把教小孩子放爆竹的游戏，改为教小孩子作自然观察或起码的化学实验游戏一样，轻而易举，而意义完全不同。

五、改变学校军训的训练系统。大专学生毕业后的预备军官训练，是属于预备兵训练司令部；而学校军训，则属于青年反共救国团，这在训练的进度和考察上，便不易作有系统的连接。并且学校军训，从计划到实施，都要有一整套的人事安排和物质设备，这都掌握在训练司令部的手上。所以把学校军训划归训练司令部的系统，这不仅站在国家之所以成为一个国家的体制上应当如此，即站在反共抗俄的军事要求上也非如此不可。必如此，上面二、三、四项的建议才能实行。此一简单的道理，我相信任何人都可以承认。困难的是人事问题，所以我附带作一建议，即是将青年反共救国团主管军训的组长，改派为训练司令部的副司令，专管军训业务；并规定此一副司令今后永远由青年反共救国团派任，这便不应有问题了。

学校的军训经过如上的调整加强后，则大专学生毕业后的预备军官训练可由三个月改为两个月，兵科学校分科训练的四个月不动，在部队服役期间缩短为三个月，共为九个月，较原十八个月缩短一半；并且服役期间，每周规定有五小时温习在校所学基本学科的时间，而训练司令部对于学生的温习尽量与以帮助。这样，我可以断言因青年情绪的提高而又提高军事上的实际效率；同时在保持青年学业，增加国家的文化与经济活力上，也可收到莫大的效果。大家都是为国家为青年着想的，似乎对我的建议可以认真地加以考虑。

不仅大专毕业生的服现役时期可以缩短，站在目前训练设施的进步，军事的形势，及在台湾生产人口与消费人口所成的比例上说，假定能把一般国民现役期间由二十四个月改为二十个月或十八个月，或许对政府更为有利。

一九五七年六月一日《民主评论》第八卷第十一期

青年与教育

怎样当一个大学生？

　　谁考取了大学，谁便当大学生，似乎不应该发生"怎样当"的问题。

　　假使要拿它来当作一个问题看，则一方面大学生只是读书求学，问题简单到不必多谈。但另一方面，则各人的个性不同，兴趣不同，背景不同，目的不同，问题复杂得使人无从谈起。

　　不过，每个人，对于自己现实生活是否感觉有问题，主要关系于一个人的生活态度乃至生活意境。一般人的生活意境，在一生中，大体可以分作三个阶段：最先是被动的刺激反应，根本不感觉得有问题的阶段；其次是开始有主动的思考力、评断力，到处发生怀疑，到处提出问题的阶段；最后则是通过怀疑而发现人生的方向，以走上解决问题之途的阶段。尽管多数人只停留在第一阶段中便混过一生，也有人则又背负着人世无穷无数的问题以没世；但就人生发展的常态说，一个人当他走进了大学，应当是属于开始对人生提出问题的阶段，而大学生当面的问题便是"怎样当一个大学生"。同时每个问题，有其特殊性的方面，也有其共同性的方面。特殊性的方面，可以留待各个人去思考；共同性的方面，不妨大家作一种共同探索的尝试。

　　联合国于一九四八年十一月十日，在巴黎夏宫，通过了人权委员曾经过巨大共同努力后所起草的《世界人权宣言》。此一宣言虽因国际间许多微妙情形，尚未能得到所有国家的批准（我国已批准），以致未能付之实施；但宣言的本身，确是人类经过了两次大战及极权统治的惨痛教训后，为了求得人能过着"人的生活"的保障，所获得的伟大的成就。在宣言短短的三十个条文中，其第二十六条有一项特别规定"父亲、母亲，有优先选择其子女所受教育种类的权利"。当我初看到此一条款时，发生了无穷的感慨。二十世纪人类的灾难，竟严重到把未成熟的学生作野心家猎取私利权利的工具，致使人权委员会的先生们，为了要保障这些无辜的廉价羔羊，只有乞灵于人类古老的传统——亲子之爱。由此，不难想见，现代的大学生，要能合情合理地过一个大学生的生活，实际上，乃是一种非常艰辛之事。

每一个民族，只看它有没有好好地经过一个启蒙运动的历史，即可了解它还是在发展抑或是在停滞，乃至是在堕退。就人的一生来说，大学生活，应该是相当于启蒙运动的阶段。启蒙运动的最大特色，便是理性代替权威来为每个人作主。因此，大学生是理性高于一切，怀疑多于信仰的生活时代。当然，什么是理性？什么是权威？什么是由理性而来的权威？什么是由权威所假冒的理性？这不是一个大学生所能容易辨别清楚的。何况在现代，有许多力量正在有计划地搅扰大学生的理性？这种搅扰工作，甚至从幼儿园便已开始。不过，我可以断言：向一个幼稚心灵去作整套说教的东西，这一定是不敢诉之于人类理性而只能诉之于人类习惯性的不怀好意的东西；不劝人在其本位上去作正常的努力，而经常要人离开本位去干些瞒天过海的勾当，这一定不是正常人所干的正常勾当。所谓理性，常是由无权无势的人们所积累而来；

权威，则常系建基于权势之上，与现实利害有密切的关系。所以一个大学生首先应当有这样的一种觉悟；即是，大学生的生活态度，应当渐渍沉浸于理性之中，而高视阔步于世俗利害之上。用旧的辞句来表达，则一方面要"从善服义"，一方面又要"倜傥不羁"。而作为这种态度的根底的，则要求有一副干净的心灵，和磊落的气概。假使在大学生时代，脑筋里即盘满了现实上的小利小害，乃至许多庸腔俗套，这将说明此人一整生将过着苟且趋跄的可怜生活；其污浊之气，会累住他既上不了天堂，更挡不住自己良心在刹那间的反省。

然则，大学生除了读书追求理性以外，对不对时代负责？对不对国家民族负责？是不是为知识而知识，为学问而学问，即是大学生做学问的最高准绳？我对这一点的答复，是肯定的，也是否定的。一个人当他作实验演算，乃至读一本古典，顺着一条理路去追求结论时，他的精神要洗汰得至虚至灵，乃至成为无己的、无我的状态，此时如何能夹杂得其他的半丝半毫东西？但忘掉自己去追求真理，结果还是为了充实自己，扩大自己。所以就求学时的当下精神来说，一定是为学问而学问，为知识而知识。但就求学的根本动机，及求学的整个归结来说，则一定是为了对时代负责，对国家、民族，乃至整个人类来负责。时代的要求，国家、民族乃至整个人类的要求，才是一个智识分子生活的最高规律。因此，虽然凡是可以成为知识的东西，都有学问上的价值；但其中与时代问题密切相关的，必然要摆在求知的第一位，而集注以最优秀的心灵和力量。在这苦难的时代，也有人关紧房门，背着时代，干点鸡零狗碎的无关痛痒的工作，认为这即表示了学术的崇高纯洁。但夷考其实，则此种人，常常是在表面上离开现实，而事实上乃不断地向现实讨便宜，以助成现实的黑暗面。揭穿了说，这是以时代的血和泪来作建造象牙之塔的水泥。这种象牙之塔，实际只是魔宫里的更衣室。若以此来鸣高，并以此来向青年立教，那才真是残酷的狡狯。所以我觉得"以天下为己任"，过去有出息的秀才是如此，今日有出息的大学生也一定是如此。

　　但是，以天下为己任，并非说每一个大学生，应当加入到"天下"的现实中去实际地干；相反的，在人生的全历程中，大学生是积蓄知识能力的时代，而不是使用知识能力的时代。因此，大学生的本分，是在知而不在行；更正确的说，是要把知当作行的时代。所以，大学生应当由对于时代、现实的密切关心，而去知道时代，知道现实；但不能，也不应该，马上去参加时代，参加现实。正如 Korff 在其《人间主义与浪漫主义》的第一章中所说，为了要了解一种事实，常常须要从事实后退一步，与事实保持一个相当的距离。知识青年参加现实的目的，是要把现实加以推进改造。不了解现实，而去参加现实，常常掉入在现实的泥淖中，以致随波逐流，结果成为现实的牺牲品。因此，真正以天下为己任的大学生，应当从天下的现实中后退，退到自己的古典性的书本上，退到科学研究的最新结论上；站在这种书本上、结论上，来看现实的问题，而不让现实问题中所挟带的现实利害遮蔽了人类理性的成果；要使现实问题随着理性之光来回转，而不使理性之光随着现实的利害来摆动。只要有以天下为己任的真精神，则在大学时期，退到书本上愈深，退到实验室里愈深，便算守住了大学生的本分，尽到了大学生的本分，同时也就真正担负了时代在这一方面的责任。而在这种尽本分的纯洁无私的心灵活动中，不把学术和天下国家连成一片不止。世上尽有强调只管个人作学问，不要关心时代痛痒的人，这是因为在此种人的内心深处，常藏有肮脏不堪告人之隐。我国现代的悲剧，从某一角度看，也可以说是来自五十年以来，少数守本分、尽本分的大学生，在精神上却与时代隔绝，让不守本分、不尽本分的大学生，在学校里操纵学校的风气，出到社会，又操纵了现实的政治社会的风气。今日的大学生，若有志于挽救我们自身的悲剧，应当从自己不扮演悲剧的角色做起。

然则现在大学中，有许多与学术无关的活动，大学生是否可以一概不参加？我不敢作此主张。但我却可以说，所有这类的活动，在大学生的生活中，都不能居于重要的地位。尽管以专门推动这类活动为职业的人，一天多一天，一天有力一天。更重要的是，大学生参加此类活动，恐怕不应出之以"行其所信"的态度，而只是出之以"知其所行"的态度。对大学生而言，一切都是知的对象，都是研究评判的对象。所以大学生参加到学术以外的活动，既不是信仰，也不是反对，更不是敷衍，而只是为了要知道它，要研究评判它。大学生是以理性之光去与现实（包括表面是超现实而实际上是最现实的东西在内）相连结，而不是以行动来与现实相连结。在大学生时代能作一个强有力的理性之人，将来出到社会才能作一个强有力的行动之人。过早地投向现实，也像过分的早婚，实际上只意味着人生的不幸。

我在上面说过，大学生是理性高于一切，怀疑多于信仰的生活时代；又说过，在大学生时代，能作一个强有力的理性之人，将来出到社会，才能作一个强有力的行动之人。但这里可能发生两种误解：第一，顺着西方文化的传统和今日大学的实况，容易把理性只解作成就知识的一面，因而忽略了道德的理性。第二，因为我针对大学生本分以外的事物而将"行动之人"从大学生中划分出去，容易误认大学生只顾求知而可以远离行动实践。其实，道德理性，应当是知识科学理性的动力及其承载力。而大学生由道德理性的自觉，自然不能仅限于追求成为一个知识之人；势必在当下的大学生活的本分中，成为一个坚强的行动之人，实践之人。在知识的跛行发展中，不能伸长出完整的人格，最后也会扼杀知识的源泉，这正是现代文明的危机、病态，须要我们加以超克的。

科学的本身是"非道德"的，但并非"反道德"的。科学家在求知的过程中，不须要道德的判断；但科学家出到实验室以外，他依然是一个普通的人，依然要发生人与人的关系；对于社会、国家、世界所发生的重大的问题，依然会有所思、有所感，而发生应当不应当的问题。所以世界上真正伟大的科学家，如爱因斯坦之流，必然会有他们的道德精神，乃至宗教意识。这种精神意识，与他们的实验、演算，直接无关，却是他们作为一个人所不可分离的一部分。我们不能设想除了实验演算以外，更一无所有的现实之人。并且仅就科学本身来说，一个人的科学工作，必须要有一种科学精神来加以担当；没有科学精神，便不可能有真正的科学工作。所谓科学精神，乃是把科学的客观要求，在自己的生活中体现出来，使其成为能适应、担当科学工作的生活态度。由此可知，作为一个科学家的精神状态，必定比普通人的精神状态有所升进。最浅显的例子，一个功课非常好的学生，他的精神状态也一定会比坏学生的精神状态升进一步。单就这一点说，这便是常为一般科学家所不会意识到，但实际是支持他的工作的一种道德形态。至于无我无私的人生境界，乃是科学家与道德家所共同要求的最高人生境界，更不待论。近来有些人扛着科学招牌来反对道德，反对价值判断，这多半是出于世纪末的精神变态，根本值不得提的。

大学生要追求知识，即是作知识理性的活动；只有在书本子上、在实验室中去花费工夫；而追求的成绩，也只有在书本上、在实验室中去求得证验。这种活动是向外追求，是以外在之物为其对象的。但人类文化的发展，在向外追求达到某一阶段后，常会引起对内的反省，而要求自己知道自身，换言之，开始能有道德理性的自觉。苏格拉底所以能在希腊文化中占一重要地位，正因为他代表了希腊文化发展中的此一转向。就人的一生来说，在牙牙学语以后，便指问这是什么，那是什么，但很难提出自己是什么的问题。多少人，从生到死都不会提出这类的问题。由此可知，从反省而来的道德理性的自觉，必须发生于人的发育相当成熟以后，而成为人格向上升进的指标。此一指标并不限于大学生，但作为一个大学生，便应该有这种自觉，便应该要求这种自觉。在这里，用得上"大学之道在明明德"的老话。

道德理性的自觉，并不像知识理性的追求一样，要向外去花费那末多的气力，而只在于每一个人的提撕警惕的一念之间。道德理性实践的证明，并不要通过逻辑演算实验，而只是表现于当下的日常生活之上。这里我不能作深进一层的叙述，而只简单指出：人类文化努力的方向，一是如何了解自然，因而控制自然；另一是如何了解自己，克制自己，因而建立人与人的和平而合理的关系。所以道德理性自觉的最显著的征候是：除了自己以外，尚知道有旁人；为自己着想，同时要为旁人着想。由此而发为行为，便是为了自己而努力，同时也在可能范围之内，为了他人而努力，为了团体而努力；最低限度，重视自己的生活兴趣，但决不因自己的生活兴趣而妨碍到他人的兴趣。在这里，对自己的责任感和对他人的责任感是连成一片的。大学的本身即是一个社会。在社会中有个体，有由各个个体互相关连所形成的群体。只要肯留心人类命运的人，便不难在历史中发现人类许多的灾难，主要是来自个体与群体得不到均衡；而人类在文化上的许多努力，也主要是指向如何能使个体主义与集体主义之间能互相调剂。所以大学生的道德理性实践，乃是要求个体与群体之间都能处得恰到好处，使大学里有个性的发挥，有群体的和谐，形成一个人与人之间的和平而合理的社会生活。此种生活，用中国的旧名词说，即是礼乐的人生（礼以别异，所以保障个体；乐以和同，所以谐和群体）；用现在的新名词说，是民主的生活方式。大学生只有在大学里面能有民主生活方式的实践，能以忠恕之道而内不失己，外不失人，才能期望他本其所学得的知识，出去为一个民主的社会国家而奋斗。民主的社会国家，才是适于人类生存的世界。

上面那段话中，尚有许多地方须要加以申述，但在这样一个感兴的短文中是办不到的。现在我只就一般大学的实际生活中，稍稍加以指点。假定有一种学生，成天地兴之所至，目无他人，在他许多无意识的行为中，给愿意用功的学生以生活上的扰乱，并且一抓到机会，便占同学的一点便宜，权利则争先，义务便退后，这种学生一定会讨厌先生，讨厌书本，讨厌实验室，讨厌敦品好学的同学；这种学生的结果，大家不难推想，他不成为废物，便会成为害虫的。假定一个大学中让这种学生的影响一天一天地扩大，乃至成为一个大学的风气，则整个学校的工作无异是毒瓦斯的制造厂。此种事实可以说明两点：第一是没有自觉的人对自己没有责任感，所以对他人便也没有责任感，这正证实了成己者才能成物，害物者也一定害己。所以道德的自觉一定表现在"人己双成"的上面。第二，没有起码的道德自觉，一定会影响到自己的功课，影响到旁人的功课。这正证实了道德理性是知识理性的动力，是知识理性的承载力。因此作为担当人类命运的大学生，应该是把道德理性和知识理性统一于自己的人格之中，而将其实现于求知工作及群己谐和的日常生活之上，使一座大学成为以道德为基底的现代智慧之塔。人类的新生，文化的新生，便从这里开始了。

一九五八年四月、六月《东风》第一卷第三、四期

恶性补习与免试升学

盖闻有非常之人，必有非常之功；欲立非常之功，必有非常之法。台湾今日正处于革命的非常时代，所以用非常之法以立非常之功的非常之人，所在多有；而免试升学，乃其中之一焉。

所谓免试升学，乃小学生住完六年小学后，不经考试，依其志愿即可升入初中之意。这在我国的学制上，是一大跃进。此一大跃进的目的，据教育部长张其昀的再三再四说明，是为了解决恶性补习的问题。

所谓恶性补习，指的是小学五、六年级的时候，学生除了正课以外，还要由教师加以补习。这种补习的分量，几乎与正课相等，并且教师常常集中精力在补习上面，而忽视了正课；所以不参加补习的学生，连正课也学不好。一位能教算术四则题的教师，正规收入大约四百元左右，而补习的收入可以达到一千余元。其他的教师，也常常是补习收入多于薪金收入。所以称之为"恶性"，不是没有道理的。问题是在免试升学是不是解决此种恶性补习的正常途径。

根据我们当家长的人的了解，恶性补习发生的原因，不外下列几种：

第一，台湾六年的国民小学教育，因历年教室及合格教员的增加率，远赶不上学龄儿童的增加率，所以多数的小学，变成了三部制或四部制，即一个学生有的每天只上三分之一的课，有的只上四分之一的课；高雄地方，甚至有实行五部制的。少数几个有名的小学，学生虽全日上课，但每班学生常多至六十名以上，由一个教师包办，教课的注意力不周，改本子的时间更不足，便也只有马虎过去。所以台湾六年的国民教育，实际只等于三年、四年的程度。于是要升学的学生，便只好靠补习来补救。所以要消灭恶性补习的第一件基本工作，应当从健全六年的国民教育着手，使六年的国民教育，能名符其实。

第二，台湾的中学，有省立、市立、县立、私立几种。（另外有换校长最多，自打校长以至捉学生事故最频繁的华侨中学，系由教育部直辖，大概是国立的，但幸而只此一校。）大体地说，市立不及省立，县立不及市立，私立又不及县立。而在省立中学之中，又只有十来个中学办得不错。于是全省的家长，为了要他的子弟挤进这十来个好的中学，便只好加强补习，作升学考试上的竞争。事实上，能挤进这十来个好中学的，考进大学的希望最大，实关系于子弟的一生前途。于是发生少数中学不容易挤进去，而另有许多中学却招不够学生的情形。所以补救恶性补习的另一重要工作，便是要帮助已有的水准低的中学，向水准高的中学看齐。这一点能办得到，自然可以消灭因集中目标于少数几个中学而发生过分考试竞争的现象。

第三，补习出于家长要求的只占少数，出于教师的威迫利诱，使学生无可奈何，不能不参加补习的，则占绝对的多数。教师在上正课时随随便便，对于不参加补习的学生，平时加以歧视甚至虐待；考试的时候，又不出课本上的题，而只出他补习上的题。在上述情形之下，学生纵不想将来升入好的中学，甚至不想升学，但为了怕吃眼前亏，也只好参加补习。教师之所以如此，一方面是因为待遇菲薄，一方面是因为教育行政的废弛。所以解决恶性补习的另一课题是要提高待遇，并加强行政上的督导。

第四，还有与上述有连带关系的一种情形，台湾稳赚钱的出版事业是印教科书，教书匠赚外快的办法便是编参考书。推销参考书的有效方法则是补习，而保证补习的有效方法则是考试时出参考书上的题。所以解决恶性补习的最容易的一种方法，便是限制考试题目的范围。昨天报上载有教育厅通令限制中学考试试题，大约即为此而发。但还要进一步推到平时的考试上面及大学的考试上面去，才算彻底。

由上所述，只要不是想出国，或者是想拿什么特别稿费的人，乃至只要不是夫妇整天在外面打牌跳舞，宁愿自己的儿女当太保的人，都可以承认，免试升学，没有丝毫治理到发生恶性补习的那一件真正原因；因而免试升学之与恶性补习二者间，实系风马牛不相及。然而实行免试升学的新竹县和高雄市，恶性补习的现象的确是停止了，这岂不是秘传单方，药到病除吗？但是要知道，医生去掉病人的病，并不困难，困难是在去掉病而病人依然能活着。假定只求去病而不管病人的死活，则任何人都可当医生。用免试升学来除恶性补习，正是只求去病而却不管病人死活的办法。好像把驼子用两块木板子夹得紧紧的，夹了几天，驼子可能夹直了，可是驼子可能已经死掉了。

最显明的是，由恶性补习所反映出来的，如上所述的台湾教育问题，都是今日最根本、最迫切的问题。只有先解决这些最根本而迫切的问题，才能谈到进一步的设施。否则不止是废话，并且会把整个的教育搅乱，使各级的学校破产，以致无法收拾。

　　　　　　　　　　　　　　　　　　青年与教育

新竹县、高雄市实施免试升学，首先是大量扩充初中。旁的设备不必谈，课室和教员总得有。因经费限制，教室除临时添建一部分外，便只有挤用国小的教室。因合格的中、小学教员本已不够，只好由小学教员来兼任中学的教员。更因系志愿升学，各班级学生的程度过于悬殊，致使起码的教学效率也无法进行，遂使张部长又有天才创造的机会，在免试升学区增设许多职业训练中心，让免试升学的初中学生，可志愿去加入职业训练。这些中心的设备从何而来呢？挪用中学的。训练人员从何而来呢？还是由国校兼到中学，再由中学兼到中心。然而中学本无设备，国中教育又本无职业教育的技能，又怎样办呢？这样地追问下去，只是表现问者缺乏革命精神。革命要"从无变有"，而这种变，并不必经过什么程序，凭借什么条件，只是像孙悟空样，说变就变。

实施免试升学的结果：把原来已经百孔千疮的国民小学教育，因大量扩充的中学所作的有形无形的侵蚀，而更增大其伤痕。并且进一步把国民小学中的病象，扩大到中学里面去。不仅原有水准低的中学无法提高，并且把原本水准较好的中学（如新竹省中及高雄省中的初中部）都向下拉垮。逼得原来要自己的子弟用补习来达到升入水准较好中学的家长们，力量大点的，将十二岁左右的子弟送入未实施免试升学的邻区去升学；力量小点的，只好把小学未补习过的，再加上初中不补习便摸不到毛的功课，合并起来，加倍地补习。这好像本来吃 APC 可以退热的感冒症，硬说应当用科学内功；结果愈拖愈深，只有住医院。据教育机关负责的统计表示，四年来台湾的中小学教育的程度，是一年低落过一年；所以一般人的共同看法，台湾目前的教育方针，应该是质重于量。但据几位负责教育的先生们的亲身观察，认为免试升学的初中毕业生，决考不取现时水准的省立高中，除非把高中的水准大力地向下拉。高中水准拉下后，决考不取现时水准的大学，除非把大学的水准再大力地向下拉。年来因为大批借读生的分发，台湾大学的水准已被拉下不少。假定免试升学扩大继续下去，结果必把台湾的教育水准完全拉垮。世界上办教育的，说是要求向上发展；而免试升学，则是要它向下发展。真所谓百年积累之而不足，一旦破坏之而有余。

但即使要新竹县、高雄市维持上述的现局，也已陷于无可奈何的窘境，因为起码的钱总是要的。钱的来源不外下述三种：一是人民的捐款，一是省府的津贴，一是出卖县市的公产。他们的公产已经卖光了，捐款则可一而不可再，而因班次必随小学毕业生之逐年增多而增多，经费也必随班次之多而增大，于是他们只有仰望于省府增加津贴。但省府为了弥补自身的四亿赤字，已经是大费经营。所以除非省府对国民教育、中等教育等紧迫问题，闭眼忍心不管，是很难有多的津贴的，所以新竹县、高雄市的负责人们，真是进退两难，火烧乌龟肚内痛。

台湾省政府在严家淦时代已开始内部化脓。周至柔先生走马上任后的硬派作风，好似一针盘尼西林，多少发生了一些阻遏继续化脓的现象。在台湾教育的生死关头，多少人希望周先生肯站稳教育原则、法理、事实的立场，再打几针金霉素之类，阻遏这已开始溃烂的杨梅大疮，并使它好好收口。山中万事不关心，但对于下一代孩子们的前途，谁又能忘记得干干净净呢？

一九五八年七月十二日《新闻天地》第五四三期

青年与教育

应当如何读书？

在二千四百多年以前，子路已经说："何必读书，然后为学。"
在今日，读书在整个为学中所占的分量，当然更见减轻。可是，
读书固然不是为学的唯一手段，但世间决没有不读书而会做出学
问，尤其是在大学里的文科学生。所以对于青年学生而言，"应当
如何读书"，依然不失为重要的发问。

我是读书毫无成绩的人，所以只有失败的经验，决无成功的
经验。但从失败的经验中所得的教训，有时比从成功的经验中所
得的，或更为深切。同时从民国三十六年办《学原》起，在整整
的十二年中，读过各个方面、各种程度的许多投稿，也常由作者
对问题的提出和解决，而联想到各人读书的态度和方法问题，引
起不少的感想。这便是不足言勇的败军之将，还敢提出此一问题
的原因。

不过，我得先声明一下：我的话，是向着有诚意读书的青年
学生而说的。所谓有诚意读书，是恳切希望由读书而打开学问之
门，因而想得到一部分的真实知识。若不先假定有这样的一个起
点，则横说竖说，都是多事、白费。

首先，我想提出三点来加以澄清：

第一，读书的心情，既不同于玩古董，也不同于看电影。玩

古董，便首先求其古；看电影，便首先求其新。仅在古与新上去作计较，这只是出于消遣的心情。若读书不是为了消遣而是为了研究，则研究是以问题为中心，不论是观念上的问题，或是事实上的问题。问题有古的，有新的，也有由古到新的，问题的本身便是一种有机性的结构。研究者通过书本子以钻进问题中去以后，只知道随着其有机性的演进而演进，在什么地方安放得上古与新的争论、计较？

第二，"读书应顺着各人的兴趣去发展"的原则，我认为不应当应用到大学生的必修课程上面。一个人的兴趣，不仅须要培养，并且须要发现。人从生下来知道玩玩具的时候起，因生活接触面的扩大，每个人的兴趣，实际是在不断地变更修正。就求知识的兴趣来说，大学各院系的必修课程，正是让学生发现自己真兴趣的资具。假定一走进大学的门，便存心认为哪一门功课是合于我的兴趣，哪一门却是不合的，这便好像乡下人只坐过板凳，就认定自己坐的兴趣只是板凳一样。就我年来的观察所得，觉得真正用功的大学生，到了四年级，才能渐渐发现自己真正兴趣之所在。凡在功课上，过早限定了自己兴趣的学生，不是局量狭小，便是心气粗浮，当然会影响到将来的成就。何况各种专门知识，常须在许多相关的知识中，才能确定其地位与方向，并保持其发展上的平衡。所以认真读书的大学生，对大学的必修课程，都应认真地学习。并且课外阅读，也应当以各课程为基点而辐射出去。对于重要的，多辐射出一点；其次的，少辐射或只守住基点。随意翻阅，那是为了消磨时间，不算得读书。

第三，一说到读书，便会想到读书的方法。不错，方法决定一切。但我得提醒大家，好的方法，只能保证不浪费工力，并不能代替工力。并且任何人所提出的读书方法，和科学实验室中的操作手续，性格并不完全相同。因受各人气质、环境的影响，再好的方法，也只能给人以一种启示。并非照本宣科，便能得到同样的效果。真正有效的方法，是在自己读书的探索中反省出来的。师友乃至其他的帮助，只有在自己的探索工作陷于迷惘、歧途时，才有其意义。希望用方法来代替工力的人，实际是自己欺骗自己。

　　谈到方法，或者有人立刻想到胡适先生"大胆假设，小心求证"的有名口号，尤其是最近正对此发生争论。其实，假设与求证，无疑地，是科学解决问题的两个重要环节；把这两个环节特别凸显出来，也未尝不可以。但是将杜威的《思考的方法》及《确实性的探求》两部三十多万字的著作，乃至许多与此同性质的著作，简化为两句口号，这是从中国人喜欢简易的传统性格中所想出的办法。简易，有其好处，也有其坏处，我不愿多说下去。不过有一点我得加以指出，即是读书和作自然科学研究，在一下手时，便有很大的差异。自然科学的研究，是从材料的搜集与选择开始。材料只能呈现其现象于观察者之前。至于现象系如何变成，及此现象与彼现象之间有何相互关系，材料自身，并不能提出解答。于是研究者只好用假设来代替材料自身的解答，并按研究者的要求，来将材料加以人工的安排、操作，即系从事于实验，以证实或否定由假设所作的解答。但我们所读的书，除了一部分原始数据外，绝大多数，其本身即是在对某问题作直接的解答。因此，读书的第一步，便不能以假设来开始，而只能以如何了解书上所作的解答来开始。在了解书上所作的解答遇到困难，或对其解答发生疑问，亦即是遇到问题，解决问题时，大体上用得到假设；但一般地说，在文献上解决问题，多半是以怀疑为出发点，以相关的文献为线索，由此一文献探索到彼一文献，因而得到解决。在此过程中，如有假设，则其分量也远不及在自然科学研究中的假设的重要。有时可能只有疑问而无假设，并且这种对文献所发生的疑问、解决，只是为了达到读书目的的过程，而且也不是非经过不可的过程；我们可能读某一部书，并不发生此类疑问，或者前人已解决了此类的疑问。如读此一部书觉得不满意，尽可再读其他的书来补充，犯不着去假设什么。读书真正的目的，有如蜜蜂酿蜜，是要从许多他人的说法中，酿出新的东西来，以求对观念或现实作新的解释，因此而形成推动文化的新动力。在此一大过程中，分析与综合的交互使用，才占了方法上的主要地位。方法，实际即是一种操作；操作是要受被操作的对象的制约的；被操作的对象不同，操作的程序亦自然会因之而异。许多人似乎忽略了这一点，于是无意中把方法过于抽象化，不仅将文献上的求证，混同于自然科学中的实验，忽略了在中国文化中不是缺乏一般的求证的观念，而是缺乏由实验以求证的观念，并且将自然科学研究中的假设，以同样的分量移用到读书上面来，于是产生了：（一）读书专门是为了求假设，做翻案文章，便出了许多在鸡蛋中找骨头的考据家，有如顾颉刚这类的疑古派。（二）把考据当作学问的整体，辛苦一生，在文献中打滚，从来没有接触到文化中的问题，尤其是与人生、社会有关的文化问题。这种学者，才真是不生育的尼姑。（三）笨人将不知读书应从何下手假设，聪明人为了过早的假设而耽搁一生。因此，我觉得胡先生这两句口号，可以有旁的用场，但青年学生在读书时，顶好不必先把它横亘在脑筋里面。

现在，我简单提出一点积极的意见。我觉得一个文科的大学生，除了规定的功课以外，顶好在四年中彻底读通一部有关的古典，以养成良好的读书习惯，并借此锻炼自己的思考能力，因而开辟出自己切实做学问的路。读书最坏的习惯，是不把自己向前推动、向上提起，去进入到著者的思想结构或人生境界之中，以求得对著者的如实的了解；却把著者拉到自己的习心成见中来，以自己的习心成见作坐标，而加以进退予夺。于是读来读去，读的只是自己的习心成见；不仅从幼到老，一无所得，并且还会以自己的习心成见去栽诬著者，栽诬前人。始而对前人作一知半解的判断，终且会演变而睁着眼睛说瞎话，以为可以自欺欺人。这种由浮浅而流于狂妄的毛病，真是无药可医的。所以我觉得每人应先选定一部古典性质的书，彻底把它读通。不仅要从训诂进入到它的思想，并且要了解产生这种思想的历史社会背景；了解在这些背景下著者遇到些什么问题，他是通过怎样的途径去解决这些问题；了解他在解决这些问题中，遇到些什么曲折，受到了哪些限制，因而他把握问题的程度及对问题在当时及以后发生了如何的影响；并且要了解后来有哪些新因素，渗入到他的思想中，有哪种新情势对他的思想发生了新的推动或制约的力量，逐步地弄个清楚明白，以尽其委曲，体其甘苦，然后才知道一位有地位的著者，常是经历着一般人所未曾经历过的艰辛，及到达了一般人所未曾到达的境界。不仅因此可免于信口雌黄的愚妄，并且能以无我的精神状态，遍历著者的经历，同时即受到由著者经历所给与读者的训练，而将自己向前推进一步，向上提高一层。再从书本中跳了出来，以清明冷静之心，反省自己的经历；此时的所疑所信，才能算是稍有根据的。自然这须要以许多书来读一部书，必须花费相当的时日，万万不可性急的。但是费了这大的力来读一部书，并非即以这一部书当作唯一的本钱，更不是奉这一部书为最高的圭臬；而是由此以取得在那一门学问中的起码立足点；并且由此知道读这一部书是如此，读其他的书也应当如此；以读这一部书的方法，诱导出读其他书的方法。钻进到一部书的里面过的人，若非自甘固蔽，便对于其他的书，也常常不甘心停留在书的外面来说不负责的风凉话。读书的大敌是浮浅，当今最坏的风气也便是浮浅。说起来，某人读了好多书，实际却未读通一部书；这才是最害人的假黄金、假古董。我过去有三十年的岁月，便犯过这种大罪过。读书有如攻击阵地，突破一点，深入穷追，或者是避免浮浅的一条途径。至于进一步的读书方法，我愿向大家推荐宋张洪、齐熙同编的《朱子读书法》。朱元晦真是投出他的全生命来读书的人，所以他读书的经验，对人们有永恒的启发作用。

一九五九年一月《东风》第一卷第六期

主宰自己的命运
——赠东海大学首届毕业诸生

我到东大来教书，完全是生命过程中的一种偶然。在这种生命的偶然中，假定还要勉强找出一点意义，那便是我对功课所倾注的热情，和对你们前途所怀抱的热望。你们现在毕业了，我也渐渐地老了，我的热情，不知道还能否继续保持，但对你们的热情，相信总不会归于破灭的。

你们很幸运地受到了大学教育。在大学毕业以前，你们的父兄，你们的师长，实际为你们负担了这一段人生的责任。现在大学毕业了，人生的责任，开始真正落在你们自己身上。出了校门以后，你们真正成了自己命运的主宰者。你们要觉悟到，大学毕业的时候，便是为自己的命运做一大的决断的时候。我在这里，想向你们提供两点意见。

第一，假定人生是有价值的话，学问的本身，便是最真实的人生价值。你们只有下决心在学问上有成就，才算是不虚度此生。但大学毕业，只能算摸到学问的一点门径，离着学问的本身，还远得很。所以最紧要的是，出了校门以后，更要加强做学问的决心，不论在任何环境之下，应该一直做学问做到死。许多人觉得一参加实际工作，因无时间，无图书，无师友，便无法做学问，这完全是没有志气者的自欺之谈。每天抽出两三小时，有计划地追求一个被限定的目标，一定可以突破困难；而且在十年二十年之后，一定会有个结果。就我个人的经验说，在自动的情形之下来读书（当学生读书总有被动的意味），在人情世务磨炼之下来读书，会特别感到亲切，特别容易深入领会。钱宾四先生当小学教员时，若不努力，便不能当中学教员。当中学教员时，若无重要著作，便不能在有名的大学中当有名的教授。我希望你们常常想到这个好的范例。同时你们想想，这个世纪以前的大科学家，有几个人是凭借完整的设备而始成功的呢？

第二，你们是生在一个极不幸的国家里面，在求学的时候便要使你们受到许多委屈。但是，大家要了解，这几代的知识分子，对国家才有罪过；而国家的本身，国家里绝大多数的辛苦人民，并没有罪过。同时，在世界大同未真正实现以前，所有人类的活动，依然是以国家为立足点。纵使我们不愿当中国人，人家还是要把我们当作中国人而加以歧视，加以限制。分明是一个中国人，而在精神上不愿意当一个中国人，这才是人生中真正的卑贱、耻辱！所以我们要有这种的觉悟：既已经生在此一不幸的国家，则走进社会后的艰苦奋斗，才是我们的本分，决无便宜可占，也不应存有占便宜之心。并且在艰苦奋斗中，不仅是为了自己的生存发展，也要使自己的生存发展，成为国家生存发展的一部分。过去和现在，许多知识分子，有意无意之间，总是牺牲国家的生存发展，来换取个人的生存发展，才弄成今日的惨局。我恳切希望让这种可耻的现象，在你们这一代告一结束吧！国家的幸与不幸，只在知识分子的一念之间。中国知识分子的优良传统，便是先天下之忧而忧，后天下之乐而乐的以天下为己任的精神气概。这种精神气概，不是表现为做大官、握大权，而是表现为对社会、国家的联带感、责任感。

《论语》上孔子说："后生可畏。焉知来者之不如今也？四十五十而无闻焉，斯亦不足畏也已。"我常常想，为什么自己过去会随口滑过了这种恳笃的教训？当和你们分手之际，特把孔子这几句话郑重向你们再提出来，祝你们能好好地主宰自己的命运。

一九五九年六月《东风》第一卷第八期

哀唐生

　　我的大孩子从军中服役短期休假回来，谈到他有一位成功大学姓唐的同学，因考赴美留学失败而自杀，在遗书中并希望将他的骨灰带到美国去，余闻而哀之。写此短文，聊作对唐生，及对此一时代的知识青年的悼念。

　　一个人，只有感到他的前途已完全无望，他的生存价值已完全毁灭，才肯决心自杀。唐生的自杀，是反映出今日知识分子的前途和他生存的价值，全系于美国。美国，才是台湾知识分子的现世天堂。许多人因为他住在美国，依然消耗的是中国人民的血汗，有如什么庚款之类，所以偶然把头伸进台湾来瞄一瞄，但他的尻部一定要留在美国，以便随时向后转。一个大学毕业的青年，在此土此民中，没有任何官阶、享受、事业，足以使他留恋，则他希望把他死后的骨灰带到美国去，等到一个人死后上到天堂，这岂非合情合理之至？

　　一到了美国，除那些要人外，普通人物质生活便有改善的可能，哪怕是一年半载，剩下几百乃至千把美金，便可以解决在台湾永世所不能解决的现实问题，因此而亦向美国万流竞进，这是

　　　　　　　　　　　　　　　　　　　　　　青年与教育

理所当然的。要上进的青年，在台湾绝少有上进的机会，研究所的数量及研究所的设备，都还不足以满足一般青年的期待。而进本国研究所，却远难于进美国研究所，研究的结果，当然更无法相比拟，则青年人把他的前途完全寄托在留美之上，这更是理所当然。在台湾有地位，在美国无职业的人，尚且非留美不可，根本不求知求学，根本是假借名义，消耗公帑的人，尚且非赴美不可，政府花了庞大的招待费，给了最高的光宠与最大的宣传力量的电影明星，尚且非入美国籍不可，最低限度，也非入英国籍不可，则许多为了求知、求学、求名誉、求地位的青年，为什么不把他的一切寄托在留美之上？尤其是，在过去我们的社会里面，尚有若干傻子，拼一生的精力，做他范围以内的一件事情，即使那件事情很微末、渺小，有如一个小学、一块农场或一种手工业，但只要得出了一点小小的结果，社会便可给与以适当的评价、承认，他本人也可以得到精神上的安慰、满足。现在，则先从文化上彻底推翻了人格自我完成的观念，否定了人格自身的价值，更进一步否定了此土此民一切固有东西的任何价值，连谈到道德，谈到人与人的关系，也非要在洋名称、洋玩意儿身上去出花头不可。中国今日的许多知识分子，一切只有靠现实的势力来填补内心的空虚，装饰精神的卑贱，则今日最有现实势力的无过于美国，青年不以死去争取留美，更有何其他办法？

在历史任何黑暗时代，学术这一部门，总要就学术的本身来评定学术的价值。但在今日，除了官大好吟诗以外，一个人在书斋里几十年的努力，若无外在因缘，便会当作一钱不值，只要有机会在飞美的飞机上爬上爬下一次，便立即可以名满天下。虽然今日的天下只有这样一点点。在这种风气之下，幸而我们的教育是每下愈况，幸而美国的签证手续有许多刁难，否则台湾将永远找不到一个大学毕业生，而我们的教育机关，将真成为美国在台的文化工作站。

上面，我只是把造成今日青年畸形心理的政治社会各种原因，略加叙述。但若有人误会我是把青年出国求学，和要人绅士们的美国狂，混为一谈，那我便应当被神佛打下十八层地狱。这种混淆，将有过于把一个初出茅庐的天真少女，混淆于风尘半世的娼门。并且我认为公正而有计划的留学政策，在目前依然是非常重要的留学考试，不能否认它应占计划中的重要部分。

谈到考试，问题便多了。哪一个学校的先生出考试题目，哪一个学校的学生就占便宜。甚至有人以出题目来推销他半文不值的参考书之类。而看卷子，中间出入最大的，莫过于国文。但台北的阅卷集团，有的人只求多分阅卷费，既无共同评分标准，对青年的命运更无丝毫责任心。我听说，有的人起码打上六十分，有的人却最高是打五十四分，有的人可以几小时内看完三百本卷子。像这种情形，可以说是作成圈套来陷害青年，应当负刑事责任的。教育行政当局，为了保障这许多良心上的犯罪者，便采取不准查试卷的办法，这等于是一种共同犯罪的行为。我在这里所说的，不仅指的是留学考试，所有考试者是一样。尤其严重的是大专的升学考试。因此，我为了此一代的青年能得到比较公平的看待，试作下面几点建议：

（一）一切考试、一切考试的科目，应由三个不同的学校，各推一人，成立一个出题小组共同商量出题。凡编有参考书的人都不可请其参加。

（二）在开始阅卷时，应商定共同标准，如错字、小数点、笔误等等，商定一致的扣分或不扣分的办法。初阅完十本卷子后，将各人所发现的具体问题，再作一次商讨。此种商讨的结论，应见之于纪录，交由考试委员会备查。

（三）发榜后应准查对试卷。如计分或评分有显著错误的，除应公开改正外并应作法律上之追诉。

最后，我恳切希望，如有文化绅士，赴美安居乐业时，可否真的把唐生的骨灰带在美国移民局的边缘扬化，以完成此一时代的悲剧呢？

一九五九年十月十日《新闻天地》第六○八期

苦难时代的知识青年

今天我所讲的，不是学术性的，而是个人的一些感想，说出来以供同学们参考。

首先，我要解释一下，为什么选择"苦难时代的知识青年"作为今天的讲题。时代是时间和空间统一在一起的名词，普通谈到时间和空间，只有形式意义而无实质意义，是一静态的观念，而非变动的观念。其实，时代是以许多精神和物质因素为其内容的观念，而不是纯形式的观念。构成时代的因素是时时刻刻在变动的，所以时代又是变动的观念，而不是静态的观念。既然时代是以许多变动的精神和物质因素为其内容，生在某个时代的人，不知不觉地要受到时代因素的支配左右。由这一点来看，人在时代中是处于被动的地位。但是，从另外一方面看，人的活动，不但是构成时代内容的主要因素，而且还可以影响、改变和左右时代。那么，人在时代中又是处于主动的地位了。无论人与时代的关系是主动的或被动的，人与时代总是不可分的。人在生活中没有反省自觉的时候，不会觉得与时代有密切的关系，但是只要一反省自觉，则就会对自己生活的每一部门追问它的来源、结果及它的意义。愈追问，就愈发现一切都是与时代关连在一起。譬如吃饭，在表面上看，完全是个人的事情，但是如果要问：饭是如何来的？如何才吃得合理？那么会发现每碗饭中实含有技术问题、经济问题、社会问题乃至政治问题在里面，吃饭也就与时代密切相关连了。所以凡是在生活上能反省自觉的人，时代对他都会发生亲切的感觉。无时代感觉的人，完全是顺着个人官能的要求，社会已成条件的制约，在刺激反应中过生活，他们完全是被动的，对时代不会有贡献，对自己也不会有意义。有时代感觉的人，便能够在时代的衡量判断中，要求合理的生活，处于主动的地位，以对时代的贡献来充实自己的人生。

廿世纪这个时代，是多彩多姿的，人们可以从各个角度去了解它，评价它。为什么我们只说它是苦难的呢？五十多年来，它已经过了两次世界性的大战，及无数次的大规模的流血革命。在太平的时候，死掉一个人，是件大事情；而在这个时代里，几十万、几百万、几千万的人，都莫名其妙地丧失了他们的生命。并且，战争和流血革命的酝酿，还在有加无已。不仅如此，由于核子武器、火箭、飞弹的发明、进步，人类可能在几小时或几十小时内归于毁灭。现代的人实际都处在死亡的边缘。廿世纪的文明所给予我们的享受，实际是近于在死亡边缘的享受。没有人可以预测自己命运的明天和世界命运的明天。所以，我们可以说，这是一个苦难的时代。再看中国，自从鸦片战争以来，一直在苦难中挣扎。今天的台湾，更是一个枢纽；我们的命运，很可能在一瞬间作一百八十度的大转弯，或者走向光明、胜利，或者走向黑暗、死亡。站在中国人的立场说，这是苦难的时代，更不算杞人忧天，危言耸听。

但是，人类的历史，都是从苦难中奋斗出来的。有的民族，像巴比伦、古埃及、希腊、罗马、迦太基，在苦难中已经消灭了，而中华民族却经过了无数的苦难，依旧存在到今天。所以我提出"苦难"的意思，不是要你们消极、彷徨，而是要你们有智慧，有勇气，面对事实有所担当，与苦难的时代搏斗，看看到底是死亡还是生存发展。

这个苦难的时代，用另一个名词来表示，即是所谓世界的危机。在西方，危机的焦点是柏林；在东方，危机的焦点是台湾海峡。对于现实的问题要加以分析，不在政治上负责的人，是没有这些资料的。今天我只就一个教书人的身份，从另一角度，来和你们谈谈这一问题，想借此引发你们自己的思考。

一八〇七年，拿破仑占领了柏林，当时的德国四分五裂，柏林的情形和今天或许有点相像。适有一位教书先生斐希特（Fichte），是康德哲学的继承者，看着当时苦难的情形，便由这年十二月起，每星期日，在柏林的学士院，不顾生命的危险与法国军队鼓声的扰乱，连续发表了十四次的讲演，这即是有名的《告德意志人民书》。他的呼声，不但给予当时德国人民以精神的鼓励，并且就是今天，也成为德国人民在患难中奋斗的精神动力。在他的演讲中，我觉得有三点意思值得特别注意。他说：

一、德国之所以陷入这种情形，是因为大家太自私、太自利，以致反转来丧失了自己。在这种苦难的时候，自己没有什么是可以保守的，必须为国家开辟一新生命、一光明的前途；而要开辟新生命与新前途，必先放下这些自私自利的心理。

二、针对当时分裂的德国而呼吁德国人民的统一团结。所以他的演讲是以统一的德国人为对象，而不以分离的德国人为对象；坚决认为，每一个德国人的命运是密切相关的，指出一个民族的自相分离是堕落的原因和现象。

三、要从苦难中开辟自己的命运，不能靠偶然的因素使自己得救。外援也是一种偶然的因素。国家在苦难中固然不能不接受外援，但要超克苦难，必须靠自己的力量。

我举出这段话的意思，是想把德国哲学家告诉德国人民如何在苦难中站起来的话说给各位听。其实，中国文化根本是在忧患、苦难中成长的，中国人特别重视如何超克苦难，所以，中国文化中与上面这个意思相同的见解很多。今天我另举出两点，以供诸位参考。

一、在苦难中，必须首先找到一个立足点，而这个立足点就在自己的良心的自觉。大家一听到"良心"就觉得讨厌，认为它不实际、太迂腐、太抽象。其实，我们知道，苦难时代的特征就是很剧烈的转变和动乱。在变动剧烈中，甲以为对的，乙以为不对；今天以为对的，明天会不以为对；今天以为可靠的，明天会变成不可靠。于是我们在剧变中彷徨失措，感到一切都不可恃，失去了安全感，发现不了何处是自己的立足点。但若要想从这个时代中超克出来，不让苦难把我们埋葬下去，首先要建立信心，发挥力量。而没有立足点的人，精神永远是彷徨的，飘来飘去，最没有信心，也最发不出力量，所以，我们必须有一个固定的立足点，才能立得起来。中国以前的圣贤们总喜欢在变局中找出常道，常道是不变的，不变才能使我们有立足点，有了立足点才有信心，才能发挥力量。立足点首先不能从现实上的利害处找；因为在这种时代，现实利害的本身就不是一个合理的存在。现实上的利益，有如太阳下的雪人，随时可以消失掉。不仅如此，我们甚至也不能从外面的各种关系中去找，因为外在的一切都是变动的，并且也不能由我们自己作主。不能自己作主的东西，根本不能提供人以一个立足点。立足点必须在超出现实利害以外的人生价值上面找。例如，中国一般人所说的能够安贫乐道，不是说苟安于贫苦之中，而是说在贫苦之中仍有精神的安顿，即仍有人生的立足点，而不为贫苦所转移。其所以能如此，因为是乐道，乐道即是以能把握到人生的价值为乐，这样便使自己的精神，超出了贫富的现实利害之外。又如在今天这个死生不由自主的时代，假定能够把握到人生的价值，有价值的死也同于有价值的生，这便可以舍生取义，可以视死如归，在生死的巨变中，一样有自己的立足点。

既是在变幻无常的苦难时代，只有在人生价值上才能找到真正的立足点，所以追寻人生价值的根源，是每一个人所不能不关心的事情。西方以为人生价值的根源在神，中国和印度的佛教则以为人生价值的根源在各人自己的良心。要把握价值根源，即是各人当下的良心自觉。在这里，不牵涉立足于神或立足于心的得失异同的问题。这种问题，对于只在口头或思辩上转圈的人是重要的，但对于躬行实践的人则并不重要。现在我引用德国历史学家马亦勒克（F. Meinecke）的话，来印证人类反省、自觉愈深刻，则归结到自己的良心上来求得人生立足点的趋向愈明显。

马亦勒克是廿世纪德国伟大的史学家。他为什么要涉及良心的问题呢？因为历史是在时间之流中出现的，时间之流，好像流水一样，如果我们把脚放入正在流动的水里，接触到的水，永远不会是原来的水。历史上的一切，同样也都是变动不居，新新而不故故。由于变动不居的缘故，一切人生价值，在历史中便都相对化了，于是人们在历史中找不到人类安心立命的基本的立足点。但人类在现实生活中，必须要有一种基本的立足点；有了基本的立足点，在积极方面，前面已经说过，才有信心和力量，在消极方面，才有精神上的安全感。如果史学在价值相对化的情形之下，只能提供人类以漂浮不定的人生，那么，本来与人生关系最密切的一门学问，势必变成与人类现实生活毫不相关的东西了。十九世纪德国伟大的史学家兰克（Ranke）说过一句"各个时代都直属于神"的名言，他的用意之一，就是把神当作各个变动不居的时代的立足点，因而赋与各时代以自身的价值。马亦勒克更进一步地说，只有良心才是历史的立足点。他在《历史与现代》的一篇文章中，认为历史中有高层次的力量，譬如国家、民族、宗教，因为它们都给予实际生活以重要的影响。然而，这种高次元的力量"只有通过良心之口才会对人讲话"。没有良心自觉的人，不会感觉国家、民族的重要。宗教也要由良心来通向神的。信神必须要通过良心，缺乏良心自觉的教徒，那不算"信教"，只能说是"吃教"。马亦勒克在这篇文章中，引用了特尔泰（Dilthey）"我们所称为良心的，是我们内在的不可思议的能力"的话，又引用斐希特"良心是人从无限中出发时，我们所凭借的一线之光"的话，又引用了德拉逊（Droysen）在《史学论》中所说的"仅有良心才对各人是绝对确实的东西，它对各人是自己的真理，又是自己世界的中心点"的话。他更总结地说："良心才是人类社会的坚强结合剂，同时又是真正形而上学的根据点。只有在良心里，才能个别的东西与绝对的东西相融合……历史中一切永恒的价值，都是来自良心的决断。"他认为在流转无常的历史中，各人只有在自己的良心上，才有自己的立足点。他这篇文章，正写于一九三九年的德国暴风雨时代，也有其特殊意义。他和他所引的三位哲学家、史学家都是虔诚的宗教信徒，但他们所说的，与中国文化的精神，若合符节。中国文化，正是以良心自觉为基点的文化。所以中国文化，不反对任何伟大的宗教。假定中国人扛着宗教的招牌来反对中国的文化，这即是反对他自己的良心，即是证明这种人乃"吃教"之徒，在自己祖国中没有为他安放上天梯的地面，在其他任何国度中更不会有为他安放天梯的地面，而只有打入到流转的生死海中去。

二、在苦难时代中，要通过族类之爱，把个人和世界联结在一起。个人的努力，如果能和世界的努力联合在一起，才能发生更大的力量。譬如，台湾的争取自由，必须与全世界的民主国家联合一致，才能加强争取自由的信心，达到争取自由的目的，所以若从外在的关系讲，则个人精神与世界的连结，也正是苦难时代中各人追求立足点的重大途径。

个人和世界的联结，可以依赖许多不同的途径。譬如科学的成果，是个人的，同时也是世界性的。但是，通过科学所联合的世界，有如人和太空的连结，是没有生命的世界。经济活动，是个人的，同时也是世界性的。但通过经济所连结的世界是由支票所代表的"经济人"的世界，而不是人格的世界。因为他们本身都不代表人生价值，所以这种联合，严格地说，都不能算是人与人的联合。人与人的联合，是要通过人生价值来作桥梁；尤其是要通过人生价值中的"人类爱"，亦即中国文化中所谓"仁"，才能真正把个人与人的世界联结在一起。所以凡是世界性的宗教精神，一定是以爱为它的主要内容。但是一个人，如果通过自己良心的仁德，以将自己和世界连结在一起时，在现实上，一定会表现为族类之爱。我们以用"族类"这一名词，不仅因为在《左传》上有它的语源，而是因为它可以包括我们的家庭、邻里、亲戚、朋友、各种团体，推而至于自己的国家、民族。这些都是与自己的生活，关连最为密切，因为时间的因素，自然培养出一种连带性的感情。假定一个人，在这种有连带感情的族类中，尚且漠不相关，不能发生真切族类之爱，这即证明这种人的爱苗早已枯死，于是他的世界里，只是他个人自私自利的幻像。在这种幻像中，既容不下他人，最后也会失掉他自己。所以凡是扛着任何招牌来压迫自己的族类，甚至以自己国家、民族的不幸为自己的幸福的人，站在自己族类的立场上说，他固然是叛徒，站在他所扛的招牌来说，一样也是叛徒。因而在这里，我想起爱因斯坦来，他实在可以作为大家效法的榜样。爱因斯坦是伟大的科学家，虔诚的宗教信徒，又是最伟大的民主主义者，世界和平主义者。但是他一生不曾忘掉他在苦难中挣扎的犹太民族。只有通过他对犹太民族之爱，才证明他的人格，是与世界的人类连结在一起；而他个人的存在，正是世界性的存在。在苦难的时代，不同着我们自己的族类站在一起，不通过族类之爱来把自己的命运和族类的命运紧连在一起，而想以"狱里亡魂"的方式，来解决自己的问题，这是可怜的，可笑的，到头来也是落空的。在苦难中由族类之爱所能给与于每一个人的力量，正可以用"风雨同舟，同舟共济"八个极寻常的字表现出来。所以我希望你们成科学家，成宗教信徒；但若是你们缺少这种族类之爱，你们依然会空虚、歉疚，没有你们人生的真正立足点。而族类之爱，正是发于各人良心的自觉，也是良心自觉的证明。

今天所讲的意思，简单地可以归纳为两点：

一、在苦难时代中，大家应在良心的自觉上追寻自己的立足点。

二、由良心的自觉而发出族类之爱，把自救与救族类融合在一起。

讲于一九五九年十月二十六日，东风社记者纪录

一九五九年十二月《东风》第一卷第九期

我们的学校

我们学校是大学，凡大学设立的目的，也就是我们学校的目的，但是，东海比其他大学更有她不同的特性，今天仅就这种特性中提出两点，提醒同学们的注意参考。

本校的建立，是由我们政府提供土地，由美国人士提供建筑资金。经费一部分收自学费，大部分也是来自美国人士的捐献。所以我们学校的第一特点，是有其国际性。近三百年的历史，是先有民族国家的成立，才有国际政治的活动。有了国际政治的活动，更引起强烈的民族意识。由此可知国际性、民族性是在相对中而始特为明显。因此，本校的同学，在国际性的气氛下，应该有更清楚的民族意识。这种民族意识是表现在个人与民族的连带责任感之上。我们的生活、行为不仅对个人负责，同时也对我们的民族负责。国际人士将通过我们的生活、行为来观察，并判断我们民族有没有出息。所以我们的同学，应有更高的自觉自尊的精神，有更大的自发自治的能力。但是若干情形，使我听后感到心里难过。不过即使在我自己，也有胡涂胡闹的时候，何况青年学生。只希望你们对自己的行为，养成反省的能力、习惯；并肯接受师长的指导，尤其是彼此间应互相规劝，特别发展自治的组织和力量。生活有秩序，爱惜公物，及敬爱师长，三者更须注重。敬爱本国的师长，更敬爱外国的师长，因为他们是抱有很大的志愿，才肯从远道而来的。但敬爱与谄媚，在性质上完全不同。谄媚却是一种可耻的行为。总之，我希望你们加强自治能力，不是要你们对学校处于被动的地位，恰好相反，是希望你们由此而加强对学校的主动性和讲话的地位。

我们学校的第二特点是在于它的宗教性。这是基督教徒出力所办的学校，它的目的，是要以基督徒的精神为办学的精神。但事实上，职员中固然都是教友，但教员中有的不是教友，学生中的大部分不是教友，并且除基督教徒外，还有其他的教徒，这如何能团结起来，向一目标前进呢？有的说，这是一所大学，而不是一所圣经学院；大学有学术自由，宗教自由，所以尽管各位信仰不同，大家依然可以合作。这是非常重要的事实，这是经过长期斗争以获得的人类生存的珍贵成果。本校要成立一个近代的大学，当然会尊重此一事实、成果。但我觉得仅仅这还是消极的一面，其实，更有积极的一面。就我的体验说，不论信教不信教，每一个人都潜伏有一种宗教精神；当一个人，受到某种感触，而引起心灵的感动时，这种潜伏的宗教精神即涌现。人在心灵感动的一刹那，是超出他现实生活的一切利害是非的计较，在精神的升华和净化中忘记了由世俗生活所设定的许多斤斤计较的差别。此时不仅没有此教徒与彼教徒的区别，并且也没有教徒与非教徒的区别。等到从仪式、教义，来彼此争辩，互争胜负时，这正是人们真正的宗教精神隐退的时候。大家看《孤星泪》及《春风秋雨》的电影时所受的感动所流的眼泪，这正是大家潜伏的宗教精神的涌现。在这一刹那，假定有人出来计较这是旧教的背景，那是新教的背景，这是法国人的背景，那是美国人的背景，因而决定应当感动还是不应当感动，这几乎可以说是在佛头上着粪的蠢人。又如我们校牧任牧师，大家对他很敬重，但稍一留心，他之所以得到大家敬重，主要来自他对大家的服务精神，这比他的讲道更有效果。任牧师当为人服务时，自然没有教徒与非教徒的区别；这正是他的真正宗教精神的表现。假定他存心只为新教徒服务，而不为非新教徒服务，这便说明他的宗教精神的退隐，因而不能很诚恳地服务。所以我觉得大家假定真能把自己的精神向上提起，从超越现实利害是非的心灵感动的一刹那来把握真正宗教精神，则本校教徒与非教徒，此教徒与彼教徒，自然会融合在一起，向一个共同的目标前进。因此，我以一个儒家的信徒而尊重各伟大的宗教，大家可以了解这并不是圆滑。同时我对于诬蔑中国文化的任何教徒，都看他是"吃教"而不是"信教"，大家也可以了解这并不是顽固。

以上是我的感想，希望同学共同加以思考勉励。

东海大学动员月会讲稿

一九五九年十二月十六日《东海大学校刊》

如何开始文艺写作

　　二十世纪，除了建筑一门以外，就整个艺术而论，文学而论，可以说是一个荒凉的世纪。而我们中国，从辛亥起义，经过北伐、抗战，以迄今日的反共抗俄，五十年间，经过了无数波澜壮阔的世变，但似乎也不曾产生过与这些世变的分量相称的文学作品。内中的原因，不是我所能解释清楚的。假使容许我大胆说出自己的感想，则就西方世界而论，二十世纪，科学知识因分得愈细愈专，而其自身也走上了技术化的道路。知识技术化的程度越深，离着有血有肉、有哭有笑的现实人生社会愈远；而艺术，尤其是文学，它是立根于现实的人生社会，将人生社会作为一个统一体（这点正与科学家的趋向不同）来加以感受、把握、提炼，因而加以表出、净化的；这不是主导二十世纪的文化精神。所以二十世纪的作家只能从文学结构的技巧上提供读者以"兴趣"，很少能从内容、气氛、情调上给读者以"感动"。再就中国的情形来说，一方面是高据文史王座的饾饤考据学风，既打断了中国知识分子对于人生社会负责的传统，又接不上西方重思辨、条理的学统。他们真正的成就，我尚不十分清楚，不敢多说；但这些先生们已对国家、民族、社会、人生，失掉了真切的感受性；因而不会启发艺术、文学的心灵，却是可断言的。另一方面，则思想上的教条主义，使人的精神僵化；而政治上的现实主义，又使人的精神庸俗化；这自然也不适于文学的营养。但是，人生的教养，生命的滋润，还是离不开艺术、文学。今日世界病态之一，是教养与技术，成反比例的发展；在精巧新奇的技术下面，活动着干枯卑俗的人生；美国正可作为这一时代的代表。所以世界需要更大的艺术家、文学家；中国更需要更大更多的艺术家、文学家。我在这种感想之下，除了对于已经成名的作家，寄与以无限的期待和敬意外，更不能不期待新作家的诞生。

新作家诞生的条件，首先有赖于已成名的作家的提携鼓舞。第一个要求，更是不要以自我为中心来划分壁垒，不要以自我为中心来树立标准绳尺。这是说来容易而实现不很容易的事。更重要的，当然还在想成为新作家的青年们，应当如何去努力。对于这，我想贡献一点意见。

文学特性之一，是在于它对人生社会所表现的统一性、完整性。哪怕只写人生社会的一个片段，但在这里面所蕴藏的，还是统一的、完整的东西。因为每一个生命都是一个完整的统一体，而文学正是以人生社会的生命为自己的生命的。把有情的东西看作无情的东西来处理，这是科学；把无情的东西看作有情的东西来表出，这才是文学。一般人常常说，伟大作家的作品里面，有他的人生观、世界观；换句话说，即是文学中常有他的哲学；这是不错的。但更进一层去研究，站在作者的立场来说，他的人生观、世界观，只是他作品中所反映的人生社会的统一性、完整性。这种人生社会的统一性、完整性，固然有时是从哲人的著作中得到若干的启发；但这不过是间接性的东西，因而在形成创作动机上，是没有多大力量的。它的最直接的却又是最有力的根源，还是来自作家们对社会人生的观察、体认；并且把这种观察、体认，与自己的心灵连结在一起，而得到某种不知其然而然的感动；在这种感动中，把外在的、客观的人和事，和自己的血和肉融和在一起，这便形成了创作的题材及创作的冲动。他和一般社会科学工作者不同之点，不仅在表现的形式上，而是在社会科学工作者，只顺着观察来收集、整理、分析资料，并不夹杂有心灵感动的内在化的过程。即使偶然涌出此一心理现象，社会科学工作者，也会立刻意识地使它如云烟过眼的过去，依然恢复到冷静的、无颜色的精神状态中去。文学家则是要抓住此种感动的刹那，而将其加深扩大，以形成一个作品的生命。所以缺乏对人生、社会的感受性的人，乃至对这种感受性轻易予以放过，而不加珍惜、凝定的人，便不易成为一个作家，更不易成为一个好的作家。作品的价值，是以由感受而来的感动性的大小深浅来决定的。因此，一个稍有表现能力的青年，应经常保持对社会、人生的关心态度，由冷静的观察、体认，而酿成心灵的感动，并珍视此种心灵的感动。这一刹那的感动，可能并不会构成一个作品的内容、结构；但也应迅速用最直接表现的方式，把它纪录下来，使它以一种"随感"式的东西保留下来，作为更大创作的准备。否则境过情迁，此种感动会不留痕迹地消逝掉，自己永远不能蓄积一点精神的资产。

凡真正富于感受性的人，也一定会由感受而引发心灵的感动。但有人耳目虽然很聪明，但是他的感受性常失于浅薄迟钝。这种原因，我愿引《管子·心术》篇的两句话来解答，即是"嗜欲充益（按当作'溢'），目不见色，耳不闻声"的两句话。这两句话的意思，是指一个人若把自己生活上的小利小害，乃至生理上的若干直接要求（嗜欲），填满了脑子，他心灵的感受性，便受到这些东西的阻滞遮蔽而失掉作用。所以《文心雕龙》的《神思》篇便说"陶钧文思，贵在虚静"；虚是心里没有填满这些嗜欲，静是精神不受这些嗜欲的干扰。虚才能容纳，静才能观察、体认。苏东坡的诗说："欲令诗语妙，无厌空（虚）且静，静故了（了解）群动（社会人生的各种动态），空故纳（容纳、感受）万境。"这都是从很深的经验中说出来的话。因此，一个有志成为作家的青年，在精神上首须从自己生活的小圈子中解放出来，使自己的心灵，能直接和广大的社会人生照面。《文心雕龙》在上引的两句话的下面，紧接着便是"疏瀹五脏，澡雪精神"的两句话。五脏（生理）沉浸在嗜欲中，弄得肠肥脑满；精神陷在现实的泥淖里面，卑近庸鄙，不能自拔，不会有深而且广的感受性。（同时，我觉得男女的爱情，及有限度的烟和酒，这也是嗜欲，大概对文学而言，是不大碍事，甚至有某方面的意义的。）所以"无我"是宗教、道德、科学、艺术所共同要求的最高精神境界。许多艺术家、文学家，在日常生活中，常有其不与世俗斤斤计较的一面，甚至对自己的生活，常有其糊里糊涂的一面，应当从这种地方去加以解释。凡是喜欢"见小"，爱占小便宜的人，极其至，只能写点小幽默，或尖酸刻薄的东西，不会写出真有文学价值的作品。因为这种人的精神，和人生社会经常居于隔离的状态。

其次，我想对初学写作时的态度讲几句话。大凡希望成为作家，并有成为作家可能的青年，都是极聪明的人。聪明人写作时最易犯的毛病，便是喜欢一挥而就，不加斧削，立刻寄出去，希望赶快刊出来；这是不容易得到进步的。初学写作，大体上应从短篇写起。几千字的短篇文章，本可以一口气写成功；但未动笔以前，应经过长期的酝酿。所谓酝酿，是指有了写的材料与动机以后，并不立刻动笔，而把它放在脑筋里转来转去的一种情形。假定白天有其他工作，则在早上醒而未起，乃至走路、坐车，都可以利用作酝酿的时间。酝酿了三天五天，甚至于十天八天。第一，要写的主题慢慢地明确了。第二，环绕着题材的烟雾、渣滓，慢慢地淘汰掉了。第三，初次所得的感动，慢慢加深，而且自然有若干修正了。第四，写作的气氛、气势，慢慢地积蓄浓厚了。酝酿成熟之际，即天机畅达之时，此时的一挥而就，方能发挥出自己的力量。在酝酿的阶段，要注意的是自己的毅力；因为一个题材，常常在酝酿中即发现了困难，这正是要驱策自己由浅入深的征候。假定没有毅力而中途抛弃，这即是在快要进步时即逃避退却，这便一生也无法写成一篇好东西。所以遇着困难不妨暂时放下；过了一天，又重新在脑筋里拿起来，一定可以峰回路转，另扩出一层意境，让它转来转去，非写成篇即不放手。经过酝酿以后，大体已经有了个轮廓了。但在动手的时候，需要保持对此轮廓的弹性，千万不要忘记：写的过程，即是创造的过程。在酝酿中所形成的轮廓，只不过是一点引子，不仅随着写时的思考、想象的深化而可加以修改，并且也可以有勇气地完全加以放弃，搁下笔来重新酝酿。在动笔以前及动笔中间的酝酿工作，这是自己向自己所具有的潜力的发掘。创造的能力，便是在此种自我发掘中培养出来的。

　　文章不论写得如何顺手，千万不应一成篇便把它寄出去，或塞在抽屉里不再理它。我的经验（我只有写评论性的散文经验），一篇短文总要经过三次修改，并且修改最好是在隔天以后行之，才能勉强没有字句上的大毛病（小毛病是一定会有的）。我常常在写的时候，觉得是很精彩的地方，隔天再看，会幼稚得使人汗下。有的应当多说的，却随便带过；有的应当少说的，却又拖泥带水的一大堆；至于颓字颓句，常在一篇短文中层出不穷。多留一天，多改它一次，便多减去一分内心的惭愧，多使手法熟练一点。总结一句，一个人要在酝酿中培养自己的创造能力，要在修改中培养自己的写作技巧。能耐心地改，忍痛地改，改得改头换面，以至字斟句酌，这才真是功夫，这才真是本领。我知道这点甘苦，但迟暮之年，尚不能完全做到，所以很诚恳地向青年们提出。唐人皮日休说"百炼成字，千炼成句"，这两句话是指作诗而言，但同样可以应用到青年学习写作上面。有人问我："胡适之先生的成就是什么？"我经过仔细考虑后，谨慎地答道："他的成就就是白话文。"我觉得他的白话文，写得清楚而干净，这确非易事。以胡先生天资之高，他的这种成果，得来也很艰辛；即是他写时的认真，卖力，肯花下时间。世上不论干哪一行业，有成就的总是归于珍重自己行业的人。从社会看来，尽管文章是一钱不值，但我们自己看它，依然是一字千金。轻率下笔，轻率成篇，这是不珍重自己的行业，不会真正有成就的。肯下功夫的二十几岁的青年，一年中辛勤垦殖，能收获到经过长期酝酿，再三改过的四五篇短文，我认为已经不错了。以后的生产力，自然会慢慢的加速加多。千万不可一开始即以多产作家的姿态而出现。台湾的桂花，远没有大陆上的桂花香，因为它一年四季，开的次数太多了。

上面所说的，不仅不周衍，恐怕都是出于假装内行的话；只好就此搁笔。

一九六〇年四月十六日《人生》第十九卷第十一期

按语：《漫谈国校恶性补习》①

编者按：台湾的教育问题，岂仅是恶性补习？流行最广的儿童读物如《模范少年》之类的内容，试以五六期为例吧：《小侠龙卷风》一至二四页。《王宝钏》，二五至三二页。《三宝太监下西洋》，三三至五六页。《梁山八小将》，五七至六四页。《阿三哥》，六五至八〇页。《地球先锋号》，八一至九六页。《怪星球冒险记》，九七至一一二页。《金星童子》，一一三至一二〇页。《少年世界》也是同样的东西。他们的共同特点是：（一）都从日本杂志上套印一个漂亮封面。（二）内容都是没有起码想象力的怪诞。（三）图书都是穷凶极恶及歪鼻斜嘴的人物。这类的刊物，比过去连环画的毒害儿童，不知超过多少倍。这有人过问吗？小学校里印发的测验题，多半是"武昌城北的蛇山和汉阳的①东梁山②庐山③龟山"、"汉口是①院辖市②省辖市③普通市"、"江西省是一个①丘陵地②盆地③高地"、"周武王是①西伯发②西伯昌③伯益"这类半通不通、浪费儿童脑筋的东西。这有人过问吗？至于每年从教科书中赚下大批款项的印刷机关，教科书的内容，十之七八，都是枯燥无聊，不适于儿童心理和需要的材料。他们不是为了儿童

---

① 沈鼎煊著。

来编书，而是为了适合于高官厚禄的祖父们的脾胃来编书，这些便更无从谈起了。大人先生们！台湾在教育方面有这么多的人力物力，可否分点出来，作作下面两件事呢？拿一笔钱出来，收集各国小学的教科书、儿童读物，在三五个月内，作一比较研究，以作为改革现有教科书的参考。再是划出专款，鼓励作家写启发儿童心灵的读物，合格的除了帮助印行外，并每年送三万到五万台币的文学奖金，这岂不是化无用为有用吗？在目前说，罪莫大于残害第二代，功也莫大于拯救第二代。希望社会上能帮助愿意立下大功的人。

一九六一年一月一日《民主评论》第十二卷第一期

动乱时代中的大学生

各位同学：

东风社的同学希望我能作一次演讲。我常觉得，东大学生的用功，多是分数本位的，所以生活得十分沉寂。今天我讲的题目是"动乱时代中的大学生"，并不是我对此问题有什么很好的意见向大家提出，而是想借此激发大家对自身的问题，能作较深远的思考。

我们在台湾，生活得很安定。但是，如果我们从另一方面想，台湾好像一艘在大海中航行的船，它有时可以在风平浪静中平稳迈进；但若一旦波涛汹涌，这艘船也便会动荡不安。所以真正决定台湾前途的，是整个世界的动向。罗素所著的《在伦理学及政法学的人类社会》一书，以《开幕乎？闭幕乎？》一章作结束。他在一九五六年，对于美国名记者 W. Burnett 所提出的"什么是我们时代的特征"的问题所作的答复是："摆在我们面前的有两个入口，一是通向天堂，一是通向地狱。我们正在选择哪一入口，还不能判断。"不错，正如罗素所说，整个人类，正彷徨在"开幕？闭幕？天堂？地狱？"的歧途；这便说明了我们的时代，正是一个失掉方向的动乱时代。

在我们的和平生活中，我们都有种种计划，可以对自己的前途，作某种程度的掌握，就像你们由小学而中学而大学的这种有计划、有秩序的生活过程。相反的，在动乱时代，我们平时生活上所凭借的东西，不论是属于物质的，乃至属于精神的，一日之间，可以丧失净尽；自己也跟着投入在一个不可知的命运的深渊中，连生命也失去了保障。在我的亲身经验中，看到无数的无辜人民，被那平日与他们无冤无仇的暴力，毁灭了他们的一切，甚至被杀死、饿死、折磨以死、颠沛流离以死的惨象，便有三次之多。只有在这种场面里，才能了解所谓"动乱"的真正意义。

在目前的动乱中，正如大家所说的，我们的主要责任是反对共产党。但是，如果我们再作深一层的思考，便应当了解，若仅是为了反对共产党而反对共产党，不仅没有意义，并且也会归于失败。因为目前动乱的局势，固然是由共产党而来，但事实上，世界的动乱，也是造成共产党兴起的因素。所以我们不仅要反对共产党，同时还要进一步反对为共产党造机会，以致陷世界于动乱的许多基本因素。世界动乱的基本因素，一是由于少数人在政治和经济上的权利，与多数人发生了冲突，这可以解释许多落后地区为什么不能得到安定的原因。二是更深刻地说，乃是由于我们目前既成的生活格式或意识形态，与世界上所发生的新情势发生了冲突。例如西方的资本主义，与它们的殖民主义本是不可分的；所以他们便无形之中，认为殖民政策是天经地义。但目前民族的觉醒，已深入于亚非各民族之间，这便与沉浸于殖民主义之中的西方人发生冲突。又例如，以前白种人对有色人种，自己以优等民族自居；尤其对黑人，认为他们既肮脏，又愚蠢，所以美国对黑人便采取卑视隔离的态度。但随人的自觉的扩大，黑人也要求平等，这便形成美国黑白人种的冲突。以上仅是最显著的例子。同时，这一类的冲突的造成，科学技术的进步，只能算是间接的原因，甚至于是与科学技术无关。其直接的、主要的原因，乃来自人自身的观念、意识。"解铃还是系铃人"，所以这种冲突的解决，主要是要求从观念、意识方面，创造出一种保障人类能得到和谐、统一的"新的人的形像"。目前有不少的思想家们，正为此而努力；但是，这种工作仅是开始而已，尚待大家继续不断地扩大深入。

表面上，创造"新的人的形像"是思想家们的任务，也是政治家们的任务，与大学生又有什么关系？你们要知道，这世界由互相冲突所造成的动乱，是由你们的上一代所造成的。上一代的应归上一代，不应该由你们接受上一代的恶果，你们应当走自己的新路。你们须知道，上一代的生活形态，是完全受到现实利害的限制，所以对"新的人的形像"的创造工作，远不及你们处境的优越。你们因为是大学生，大体上，都受既成条件的限制较小，容易作自由独立的思考。所以你们便不可说，待来日踏入社会以后再为此努力。你们毫无准备地走进社会的大染缸，还不是和上一代一样？这是我把动乱时代与大学生连在一起的原因。

动乱时代的大学生，应有大学生的自觉。依中国传统的说法是："大学者，大人之学也。"用现代话来讲，是指一个人的人格学问，都应在大学时代奠定基础。在大学里面，你们固然不可能创造出什么，但是，创造的习性与方法尤其是愿望，应该在大学中养成。事实上，若是大学时代的基础坏了，则一生就不会有什么大希望。

一个人的生命的发展，大致可分为三个阶段。第一个阶段，可以用小学到中学作代表。这段时期所表现的是一片生理的混沌，充满着生理的刺激与反应。在这一段生活中的秩序与方向，都是由外面的力量，如父兄师长等，加以规整的。在大学中，有些仍然停顿在生理的混沌之中。甚至许多人，在此状态中过了一生，这当然毫无价值可言。进到大学以后，有些好的同学，已开始对知识、艺术感到浓厚的兴趣，这就开始把生理的活动，从直接的刺激反应中解脱出来，主动地根据自己的兴趣去从事于各种有目的性的活动，由此，而在文化上有某些个人的成就，这是生命发展的第二阶段。西方以个人主义为基底的学者、技术家，多是停顿在此一阶段。生命发展的第三阶段，就会对人类的命运，在自己的精神里面，产生了一种责任感；使自己的性命与人类的命运连带在一起，此即孟子所说的"忧以天下，乐以天下"。由这种对人类运命责任感所形成的创造动力与动机，才会为了整个的人类而创造，才能为新的人的形像而创造。大学生的自觉，就应该达到这种境界。

　　大概地说，在太平时代，一般知识分子，都乐于按照自己的兴趣来生活。但在动乱时代，各个人的兴趣并没有保障。同时，对于动乱的澄清，也多半没有作用。就像在清朝的太平时代，考据是学者的兴趣焦点，这一直延续到现代的"整理国故"派。回想在南京时，有一次我请一位从事考据的先生为《学原》月刊写文章，这位先生感叹地对我说："动乱时代需要的是思想，写那种饾饤的考据，对时代而言，有何意义？"由此可见个人的兴趣，在不能与动乱的时代问题发生关联时，只要是稍有自觉的知识分子，便会觉得不成其为兴趣。因此，动乱时代，比较容易启发对人类命运的责任感，尤其是你们这一辈较为纯洁的青年学生。

　　现在假定你们已经有了这种责任的自觉，应当从什么地方下手，作起码的努力呢？我试提出三点，供你们参考。

第一，你们应当把握住自己原有的纯洁生命作为自己的立足点。成年人的生命，早已掺杂了由私人现实利害而来的自私自利的东西，锢蔽了自己的良心，歪曲了客观世界的真像。你们首先应把个人现实的利害，暂时放开一步；并且对社会一切既成的生活形态，暂时作怀疑的否定，使自己的生命，从既成格局的束缚中解放出来，以保持其原有洁白之姿。生命的原有洁白之姿，面对着客观的世界，即会呈现自己的良心理性。在良心理性之前，把先前所怀疑、否定过的东西，重新加以批判，而重新肯定其中若干部分，这是"去旧染之污，开新生之路"的必经过程。中国儒道两家所强调的"无我"，禅宗所强调的"解粘去缚"，英人培根所强调的破除四种偶像，都有这种意思在里面。这在成人做起来，比较困难；在你们作起来，反而比较容易。

第二，大学生应该养成独立思考的习惯与能力。真正的思考，其本身即是独立的。但在事实上，要独立思考，谈何容易。我们平常的思考，都只会依样画葫芦，在精神上，充塞着依傍的倾向，这如何能创造出新的东西呢？许多人读了一生的书，根本还没有培养出思考的能力，只是一生过着依傍生活而已。

独立思考，首先是要不受既成学说思想的束缚。但这与现代有些人所提倡的怀疑主义并不相同。怀疑主义，常会走向虚无主义。只有独立思考能力的人，对一切既成的学说及事物，都不作绝对的肯定，但也不将其完全否定，而只是把它当作自己思考的材料的一部分。因此，要能独立思考，首先要有容受力。容受力不够的人，常常以一家一派为满足，实际便是依傍一家一派。其次，要有根据历史发展及人类实际生活需求而来的批判力。人类的实际生活，是一个统一体；而思想则常是发展此统一体之某一面，以构成其自身之系统。对于这些系统的批判，不仅是逻辑的问题，而是把它镶进现实生活的统一体中所站的地位与结果的问题。又其次，要有重新组织的力量。独立思考不等于空想，是对许多材料作"重新组织"的工作。我可以吸收许多思想材料，通过我的思考，先作初步的否定，然后再作批判后的肯定。凡经过否定后重新加以肯定的事务，才具有真正的价值。因此，一个聪明的学生，一定会吸收许多先生的学说，但决不拘泥于一家之说。何况我国一百年以来，几乎不容易找出可以作完全依据的比较成熟的著作。所以我们的学问，主要的是要靠下一代的人重起炉灶。因为我对学术对青年，还保持有起码的良心，所以才不怕得罪人，敢说一点真话。并且你们在重新组织之后，这也不过是一个假定的性质。应当不断吸收新的材料，不断根据新的思考，把已经组成的东西加以拆散，或否定，而加以"重新组织"。一个人一生成就的大小，是由这种拆散与组成的循环次数来决定。一成不变的人，无形中是把自己后半段生命当作了奴隶，这也不是独立思考。

第三，由我们要对人类命运有所贡献，我们的思考，必须在生活上落实。因此，我的第三点意见，是要你们过一种团结的生活。一般人说，"团结就是力量"，这句话确有其道理。尤其是在动乱时代，一个人的力量是太渺小了，所以更要倚靠团结。但我的意思还不止此。一个人的人格，必须在团结生活中才能够扩大；生活的理想与现实，必须在团结生活中才能够统一；个人的个性与社会的群性，必须在团结生活中才能够和谐。并且，我们目前的大目标是在创新的人的形像。新的人的形像，一定是使人类能得到统一、和谐的人的形像，因此，我们的团结生活，即是向新的人的形像的探索与试验。我们当然无惧于从现社会既成势力中的孤立，因为许多既成势力是丑恶的东西，对于它们，早已无所谓孤立与否。但是，我们决不能从自己的同类中孤立起来，否则会使自己的个性、人格，伸展不开，不会有大的成就。照理说，纯洁的生命在一起，应当自然而然地产生一种团结的生活。东海大学的学生，我认为都很纯洁，相处得很和谐；但是这仅有消极方面的表现，在积极方面则尚待努力。在这里，我再对团结生活的条件提供几句话：（一）应该无私而负责，尽个人的责任而不求个人的表现；（二）彼此之间，要诚恳而又能容忍，要能为共同的事情，接受个人的委曲。（三）在热心之中，仍要有澹泊的精神。以上三点，总括地说，即孔子所说的忠恕之道；说来容易，决心去做也容易，但下这种决心却不容易。

我希望东海大学将有许多团体的活动，以实现团体生活的理想。如果，一个大学生能够努力于独立思考习性与能力的养成，再从团结的生活中，作最后目标的尝试，我想这种大学生，才能算是真正的大学生，将会为万世开太平而贡献其力量。而我这次演讲，也不过是为了助成你们的发展，向你们提供一部分思考材料而已。

一九六一年一月《东风》第二卷第一期

　　　　　　　　　　　　　　　　　　　　　　青年与教育

我看大学的中文系

　　东风社的学生，看到梁容若先生在《自由青年》上发表了一篇谈中文系的文章，认为写得太好，也要我对此发表一点意见。去年（也或许是前年）在香港出版的《大学生活》，一连发表了大约有十多篇讨论中文系的文章，多半是出于各大学中文系的学生之手。当时我几次动念想写一篇文章，解答他们所提出的问题，但结果，我没有写。因为中文系要有价值，必须中国文化有价值。关于中国文化的价值问题，我们年来正在做若干探讨的工作。探讨的结果，我们认为中国文化在许多方面，不仅有历史的价值，并且也有现代的价值。但许多人，甚至许多在中文系教书的人，却认为并没有价值，这便须把话从头说起，已经是不容易长话短说的。再则纵使承认了中国文化的价值，若由此而便说中文系有价值，我依然是于心不忍。因为许多中文系，只有"告朔之饩羊"的意义，很少有学术上、文化上的意义。这便更不容易动笔了。不过，今日各大学的中文系办得好不好，是一个问题，中文系本身有无价值，又是另一问题，二者不应混为一谈。所以那篇文章不曾写，有时还觉得于心耿耿。及我读到梁先生的大文，稍为松一口气，因为我想说的许多话，梁先生居然在一篇短文中说出来了。现在东风社的学生要我为梁先生的文章添点注脚，只好在这里再简单地提出三点。

第一，我应首先提出一个大逆不道的主张，即是"中学为体，西学为用"，这是颠扑不破的道理。当张之洞提出这两句话以调和中西文化冲突时，成为当时很有力的文化口号。及到了民国初年，开始有人认为西方文化，自有其体与用，而且体、用是不可分的。以中国文化之体，接上西洋文化之用，不论没有方法接得上去，即使勉强接上去，也是非驴非马的东西。自从此论一出，这两句话便成为反中国文化的人们打击敌人的神秘武器，只要说敌人是中体西用论者，便不再需要任何理由，而即宣布了敌人的死刑。其实，这是一般人不能用思考所表现出的、非常可笑的说法。文化可以分为两大系统：一是知识科学的系统，这是无颜色的世界性的文化。一是价值的系统，这是有颜色的（有态度、有倾向等），是世界性而又同时是民族性的（有人把二者作绝对性的分开，根本是错误的；只要想到莎士比亚是英国的，同时也是世界的……便慢慢可以明了。此处不能详讲）文化。两个系统的文化，密切相关，而又互相影响。但大体上说，知识系统的文化，是价值系统文化完成自己的工具、手段；而价值系统的文化，则是知识系统文化所要达到的目的，及其主宰。张之洞所说的"中学"，实际系指在我们中国历史中所形成的价值系统的文化而言。他所说的"西学"，实际是指西方近三百年来所成就的科学、技术，即知识系统的文化而言。假定是如此，则基督教在欧洲中世纪，是学问的全体，到了近代，却可以说西方文化是以基督教为体，以科学、知识用。印度则是以印度教为体，以科学、知识为用；各回教国家，则是以回教为体，以科学、知识为用；苏俄，则是以共产

青年与教育

主义为体，以科学、知识为用。然则中国有由五千年历史所形成的价值系统的文化，为什么不可以中学为体，西学（科学、知识）为用呢？近代的欧洲，并非去掉了中世纪的基督教而始产生科学；苏俄、印度及诸回教国家，并不要以欧洲文化之体为体，而一样可以接受科学。然则中国若不应，也不能全盘西化，则只有接受"中学为体，西学为用"的观念，并以之作为发展文化的指针。假定指知识活动时的精神状态为体，知识活动的成果为用，因而认为体、用不可分，这是当然的。但知识活动的精神状态，与价值活动的精神状态，同时具备于每一人之身，在现实生活中，不断地作相互的转换。一个人，可以从教堂走到实验室，为什么又不可以从祠堂、庙宇走进实验室？大家应养成好学深思的习惯，不可被浮浅之徒所喊的口号吓唬住。由此，你们可以进一步去了解，梁先生所说的中文系是大学中的第一系，也同于英文系是英国大学中居于第一系的意义。没有中文系的大学，是没有中国人的灵魂的大学。这类的大学，只有在文化意识最没落的时候才会出现。

第二，我再强调，今日研究中国文化，较研究西方人文科学方面的东西远为困难；但个人收效，却较研究西方人文科学的为容易。自己认识自己，并不是一件容易事。两百年来，中国知识分子，很少能了解中国文化是什么。除了古典或半古典的东西以外，几乎找不出一部可以诱导青年了解中国文化的现代著作。许多青年不满意中国文化，这是我们老一辈的不负责任，在学问上太无成就之过，而不是青年之过。所以今日研究中国文化，较之研究西方文化，每一门学问，都建立有可靠的基础的，要困难得多。但也正因为是这样，所以只要摸到了门径，下三五年工夫，便能提出新的贡献，在学术上可以站了起来。因为从现代学术的观点来说，中国文化还是原料而不是制成品。把原料作成制成品，比以新制成品去压倒旧制成品要容易得多。不过，要达到此一目的，应养成思考、判断的能力，要多作比较的研究。这除了要先精读几部中国古典，而不可一知半解地浏览以外，还要彻底弄通一种外国语言，切实读点西方的古典，并不断与时代有关的思想保持接触。在西方典籍的阅读中，培养治学的方法；在西方的文化问题、思想问题中，反映出中国文化自身的问题，及其在世界文化中的地位与贡献。这在东海大学的中文系，能向这一方面走的可能性较大。从进大学起，按部就班，不躁不怠地努力十年，应当可以奠定学问的基础。即使受到什么障碍，乃至职业上的分心，到三十五六岁时，也应当能站了起来，大约到了四十岁左右，便可以对国家、对人类，开始有贡献。并且我可以断言，假定中国今后能出现伟大的人物，不论是属于人文哪一方面的，他一定是"中学为体，西学为用"的人物。村学究不会变成伟大人物，但我相信中国永远不会出现假洋人（只懂点西方的，而不懂中国的，完全抹煞中国的，我方便称之为假洋人，决不含有轻蔑之意）的大政治家、大军事家、大文学家、大艺术家、大史学家、大哲学家。从"中体西用"中产生的伟大人物，在世界上也将是第一流的人物，有如孙中山先生。假洋人最大的成就，在世界上也不过是二三流以下的。我的理由很简单，有如植物一样，一定要先生下根，才能向上生长，不生根或根生得太浅的东西，其生长力也就有限。在人文方面，任何国的学人，只能生根在他本国的文化土壤里面。所以我初来东海大学时，看到资质好的学生，就想劝他住中文系，即是基于上述的观点。

第三，上面主要是从学术成就的立场来看中文系。但学术上的成就，多少要靠点天资和机会。然则天资不够、机会不好的人，住进中文系，不一定在学术上有大成就，那又将如何呢？西方各国大学中对古典的学习，主要在于得到人文的教养。因此，中文系的学生在道理上说，每一个人，都应当能成为最有教养之人。只要能把古典中的道理，验之于社会生活，验之于自己生活，因而得所启发，有所信守，则纵然在学术上没有大的成就，但以人文的教养从事于社会任何工作，尤其是从事于教育工作，其影响所及，实在可以形成一个国家里面的精神支柱。国家的兴衰强弱，常随此种支柱的有、无、大、小为转移。这一点，是每一位大、中、小的国文先生所应有的觉悟。中文系的学生，只求为社会服务，不必求为社会的领袖。但一个人的教养的积累，久而久之，很可能自然形成社会各阶层的领袖。并且只有这种有教养的人成为社会各阶层的领袖，才是社会之福。这是任何中文系的学生，可以做得到的。

为学首须立志。今日中文系的学生，在现时风气之下，尤须能立志、能有恒、能有远见。假定一个从中文系毕业的学生，在社会上变成为零余的存在，我敢断言，这不是中文系害了他，而是他无志气、无恒心、无毅力害了他。这种人，住什么系也会得到同样的结果。不过，中文系的学生，若是和现时的若干人一样，假"民族文化"之名，行罔世诬民之实，这便是断送国命，罪通于天。所有中文系的学生，当引此为大戒。

一九六二年六月《东风》第二卷第七期

大学中文系的课程问题

最近有位常常代表政府出席国际学术会议的人士，发表了改革大学中文系课程的高见。改革的旨要，即是大学的中文系，完全不读中国的古典，而只读他们自己的文艺创作，和写作的技巧。有人说，此一主张，会得到胡适学派的赞成；我认为假使真有所谓胡适学派，也未必真会赞成的。

因为胡适虽然反对中国文化，但他并不曾反对大学的中文系念中国的古典。他有《中学国文的教学》一文，其中假定的中学国文的四项标准，有三项是以读古典为前提条件。并且他还认为"一个中学堂的毕业生，应该看过下列的几部书"。他所举的是：《资治通鉴》或廿四史，《孟子》、《墨子》、《荀子》、《韩非子》、《淮南子》、《论衡》、《诗经》或陶潜、杜甫、王安石、陈同甫。这种想法，当然太偏重在古典方面了，所以他又有《再论中学的国文教学》一文，把古典的分量，大大地减轻。但他主张的"古白话文学选本"是自唐代的诗、词、语录起，至晚清止。而他所主张的"古文选本"，是从《老子》、《檀弓》到姚鼐、曾国藩。他所主张的学生自修书目，除去掉了廿四史外，与前文所列，均没有多大分别。并主张把经过整理以后的古典，编一套《中学国文丛书》，其内容从《诗经》、《左传》一直到元曲、明曲选，凡三十一种。胡适对中学国文程度的期待，在今日看，还是太高了。但由此可以推断，他决不会反对中学国文课本中，合理地选用古典的材料。更不会主张大学的中文系，完全不读古典。由此可知，在这一问题上，没有人能打上"胡派"的招牌。

那位人士所以如此主张的理由，是认为大学的中国文学系，应以训练文艺创作为目的。现在许多中文系毕业生，多不能创作，便是因为把时间花费在古典方面去了，而没有花费在当前作家所写的作品上面。这里我不涉及古典文学、哲学等与创作的关系问题，也不涉及当前作家的成就到底如何的问题，而只指出下面两点：一点是大学的中文系，其主要目的是在于古典知识的传承传播，以资于一个民族的教养。任何民族，假定它不是非洲的土人，而实有它自己的古典，则每一代活着的人，对于自己古典的传承，是一个民族所应尽的文化责任之一。大学里的中文系，是在大学许多学系中，专以尽这部分责任为目的的学系。台湾每年大学毕业的学生，约六千人；内中由中文系毕业的，约一百人左右。这在比例上尚说占得太多吗？而今日中文系毕业生的程度，只能给他们一点读古典的门径，作他们自修或进研究所的起码基础。若连这点基础都去掉，则中文研究所又从何办起？这样一来，在这一民族的精神中，完全和他自己的历史割断了，这岂不比过去法国人统治安南还残酷吗？

我想指出的第二点是中文系里当然希望能产生文艺创作的人才，但文艺创作，固有赖于一般性质的知识，可是知识与创作，并没有必然的关系。写作技巧的训练，对创作可能有帮助，但并非受到这种训练的人即能创作。任何国家的文艺作家，不可能都是出身于他们自己的文学系。中文系训练出来的学生，只能希望他们在文字工具上，能达到相当的水准；课程不论如何安排，也不能期望每人都能成为诗人、小说家。因为这多少要靠各人的天赋。中国今后没有像样的作家，主要关系于有这一份天赋的青年，会不会受到组织性的压抑，及会不会得到社会上正当的鼓励。凭借组织力和政治关系的作家，经常压在青年的头上，便永远出不来像样子的新作家了。

主张大学中文系不读古典的人，还有他们自己所恃而不恐的从外国来的理由。一是他们看了美国有些大学所办的中文系，只研究中国现代作家的作品，而不读中国的古典。美国既然如此，我们怎么可以不如此？但是，美国的中文系，是政治性的，根本不是学术性的。并且他们也为阅读能力所限，还没有进步到读中国古典的程度。难道英国会仿照其他国家所办的英文系去办他自己本国的英文系吗？

另一点是他们觉得西方国家的国文系，多只开本国十六世纪以后的课程。但根本忘记了欧美现代民族国家的成立，都是十六世纪前后的事情。因此，他们自己的古典，多是由十五、十六世纪才真正开始。再追上去，便只有接上希腊、罗马、希伯来。而古典之所以为古典，指的是经过一段时间的考验，得到一般人承认其价值的著作。所以西方的许多古典，可以近到十九世纪。哥德的《浮士德》，达尔文的《物种原始》，难道不算古典吗？我们的不幸是，以"民族国家"的性格而论，比西方近代的"民族国家"，早成立了二千多年。因此，即在文学范围之内，英国在八世纪有一部以神怪故事为中心的 *Beowuef* 叙事诗，而我们在二千五百年以前，即有一部内容丰富，可与日月常新的《诗经》。英国在十六世纪出现了托玛斯·摩尔（Thomas More, 1478—

青年与教育

1535）的《乌托邦》（*Utopia*），但我们在二千四百年前已出现了一部《老子》。英国在十六世纪末出了一位莎士比亚，但我们在两千二百年前，已出了一位屈原。这有什么方法可以把我们的历史剪短呢？现在我国大学里的英文系，尚且有英国古典的课程，为什么我们的中文系，不可以学学自己的古典？就台湾今日一般的文化气氛而论，某人士的高见，很有实现的可能，但蒋总统健在一天，大概还不至于马上实现吧！

一九六三年六月三十日《华侨日报》

今日大学教育问题

　　当前因为科学技术的飞跃发展，引起一切活动速度的增加，空间距离的缩短，社会关系一天比较一天的密切，因而形成了变动得非常迅速的时代。如何适应这种变动，这是大家所面对的难题，大学教育也不能例外。

一

　　目前大学教育，概括言之，正面对着两大难题。一是如何调整学问的分化与学问的统合的问题。二是如何调和社会需要与高深研究的教育基础的问题。日本东京大学文学部（即文学院）目前所决定的改组计划，正是为了解决这种难题的努力。

　　学问，是以分化、专门化而得到进步。但同时，若不把分化的知识加以统合，若不把知识间的境界线加以填补，学问也同样不能得到发展。例如就社会学方面来讲，最近多半是把社会学与心理学作共同的研究。而在哲学与文学方面，较之以一国家一民族为单位的研究，更特别重视比较哲学、比较文学方面的研究。过去以专科为教学基础的学系制度，是不适宜于作上述的研究的。

　　同时，大学文学院的课程，多半是为了奠定继续作高深研究的基础而设计的。但大学毕业之后，只有极少数学生进研究所；绝大多数的学生，是向社会求业。中文系毕业的学生，懂得了声韵学，但不懂得办公文；英文系毕业的学生，懂得了莎士比亚，但不懂得英语会话乃至商业文件，这对于就业而言，可以说是一种讽刺。而大学的教育，使多数学生念那些自己并不需要的专门学科，这不算得太合理。

二

日本的东京大学，为了解决上述问题，从去年下季起，设了一个"制度委员会"，将文学部细分作十八科（系）的现行制度，加以检讨，而提出了新的方案，将文学部的制度加以改组，并预定于明年春季始业时实施。早稻田大学及庆应大学，也开始考虑到这种问题。而日本东大的理学部，也设了"将来计划委员会"，作继起的改进。所以日本东大文学部的改制，乃是日本整个大学改制的开端。

日本东京大学文学部，原来是分为十八个系，每系设立有若干必修的专门课程。此次则决定把十八系编成为四个"学类"；由"学类"的这一新造名词，而表示了学术上统合的趋向。他们所编成的四学类如下：

（一）文化学类：哲学、伦理、宗教、宗教史、美学、美术史、中国哲学、印度哲学。

（二）史学类：国史、东洋史、西洋史、考古学。

（三）语学文学类：国文、英文学、法文学、德文学、中国文学、言语学。

（四）社会、心理学类：社会学、心理学。

由上述的改编，可以了解两点：一是把过去分得很细的课目，并为幅度相当大相当广的课目，这是表示由重视专门的教养，转而特别重视"一般教养"。另一是学生对功课的选择，保有自己需要的自由，而不至像我们的中文系，把文字学、声韵学之类的东西，规定学生非修通便不能毕业一样。实际，这种观点和要求，本来是可笑的。

三

把教育的重点，转放在"一般教养"之上的改制，不是没有困难。知识的统合，应当是来自每一专门知识内在的关连，及对现实人生、社会问题能作比较完整的把握，而不能靠拼凑式的统合。中国过去曾有"由一经以通群经，由群经以通一经"的说法。若改用现在的意味来说，即是"由一个专门学问以通向其他学问；由许多其他学问以彻底了解一门学问"，这是非常困难的事情。同时，由各专门知识所建立的封界，只能用现实人生的问题来加以突破。例如由逻辑实证论所提出的对道德的否定，站在现实人生来看，那只能算是打胡说。但对人生大问题、大原则的把握，又是谈何容易。若两点作不到，则所谓"统合"云者，必定走向拼凑式的、概论式的方向，而使学术水准低落。

同时，学生的兴趣和需要，有时不是一个大学生可以完全自己把握得到的。兴趣在乎培养，需要决定于环境；而作人治学，总需要有若干基本的知识和训练。课程选择性的自由太大，可能因青年的浮薄心理而造成基本的缺憾。

日本东大此次文科的改制，可以说是"通才教育"的扩大。通才教育，是第二次世界大战后由美国所倡导的新趋势。不过，在通才教育的上面，假定没有研究院的设置，其结果，不过是骗人的洋式村塾而已。今日大学已面临到非改制即无以适应学术发展与社会要求的关头。但这种改制，既需要知识的努力，更需要负责者为国家下一代设想的诚意。

一九六二年八月四日《华侨日报》

有关历史教育的一封信

编者先生：

　　承按期赠阅贵刊，甚为感谢。现时台湾在文化上发生不少的争论。贵刊一连几期所刊出的有关历史教育问题，大概也是争论之一。我个人年来惹的麻烦也够多了，对于此一争论，任何方面，决不敢赞一词。但因为我现在还有小孩子读初中及高中，利害所关，所以又禁不住说几句话。假定因此而更引起争论，我除了静聆以外，恕不再答复。

　　过去要小学学生背中央政府五院院长的姓名，以及户口门牌等编查办法，使我非常起反感。我之所以起反感，并不是不承认院长姓名以及编查户口的重要，只是觉得小学生没有背诵他的必要。因为到了成年以后，这类问题，便自然会解决。为什么要逼小学生去背诵呢？这次我有一个小女儿在准备考高中时，拼命背非洲新兴国家的名字，我听了心里难过，便劝她不必背。她生气地答复："老师说，万一出到这里的题，怎么办？"我心里想，非洲的兴起，虽然是一件大事，但小孩实在不必记住这些国名的。现在有人主张要把亚洲各国史纳入于中学历史教材之中，这用意很好，但是否因此而更增加中学生的负担呢？我同样认为大可不必。

史学界今后应留心研究亚洲各国史，这是没有疑问的。现时日本的史学界，正以把"支那学"扩大而为"东方学"自豪。不过，这不是能收功于旦夕的事情。第一，亚洲许多民族的历史，常只能通过中国文献才能找出点线索。可以说，没有"支那学"，便很难成立"东方学"。而中国人对自己在这一方面材料的研究整理，似乎还是做得太少。第二，地下材料，有俟于考古家继续的发掘。第三，若干可宝贵的断碑断碣，又有语言文字的解读问题。在台湾，除了姚从吾先生专门研究元史以外，我不知道尚有什么人正在研究亚洲各国史。经过专门研究的结论，才能编入于教科书之中。假定连大学的史学教授，甚至整个的史学系、史学界，还不曾开始这种研究，而即希望通过教科书去要中学生有这种历史知识，未免"见卵而求时夜，见弹而求鸮炙"了。

　　说到这里，忍不住再说两句。每一门学问，内容很丰富，而在人文科学方面，内容也很纷歧。但每一门学问，总有最低限度的共同基础. 这是研究者的出发点。研究的结果而能把原来的出发点推翻，这是学问的进步。但每门学问的出发点，只能由研究来推翻，而不许连出发点也不曾摸到，只凭个人的感想去加以推翻。荀子说"为其人以处之"，这虽然不专为治史学的人说的，但似乎可以成为治史学的出发点之一（另一，当然是材料）。被称为实证史学大家的兰克，曾有一句很有名的话："一切时代皆属于神。"这句话有两种意思：一种意思是一切时代，在历史家的心目中，其价值都是平等的；只有如此，历史家才肯竭心尽力地去研究一切时代的历史。有种自称为是学历史的年轻人，能一口气把中国历史骂得一钱不值，仅就这一点说，也可断定这种人，一生不会摸着史学之门的。另一种意思是：历史是变的，对历史人物事件作评价，应以各时代背景为基准，这即是"为其人以处之"。拿"父母在，不远游"作标准来责备现代出洋深造的学生，或是拿现代出洋深造的学生作标准去责古人的"承欢膝下"，那只是一种混乱。人类虽通过历史之变而依然有其共同的标准，那是另一层次的意义，这里不牵涉到。我是楚人，商、周两代，都以"伐荆"为伟大的事件，一直到孟子，还骂楚人是"南蛮鴂舌之人"。我记得二十一二岁念国学馆的时候，穷得要死，靠考一个月一次的"外课"的奖金维持生活。考卷用密封把姓名封住，卷子分阅后，再由黄翼生及李希哲两位先生轮流当总校阅。有一次，我做的题目是《论城濮之战》，把楚国的历史、文化等作了一番搜讨后，认为孔子存有山东的地域观念，对待楚国的态度不公平。过了些时，我到馆长王葆心先生家去聊天，王先生一见面便愤慨地说："李希哲先生简直不讲道理，这一次有一本打胡说的卷子，他一定要取第一，我劝他改到后面去，他不接受，你去劝劝他吧！"我问了卷子大概的内容后，便向他老人家说："先生，那是我的卷子，我正等着它付饭钱啦！"于是老人便慈祥地笑了一笑，连着说："你这篇文章很好，但是太大胆了，太大胆了，下次放谨慎一点。"王先生的出发点是为了尊重孔子，但我虽然得到了一份奖金，至今想到，依然愧疚难安。不仅是不了解孔子，并且也因为我的高论，是缺乏史学的起码常识。假定亚洲有一天组成为一个国家，难道说我们的八年抗战，便等于胡闹吗？

历史乃成立于时间变动之中，无时间即无历史。没有时间观念，怎样可以说历史教育，乃至历史研究？

以上拉杂写来，如蒙刊出，是所感幸。敬颂

撰祺

　　　　　　　　徐复观拜上　　八月六日

　　　　　一九六二年九月一日《新天地》第一卷第七期

台湾的语文教育问题

　　今年初中入学的国文试题是"假使电影院是教室"，引起了社会一阵批评。后来《中国语文》出了一期专号，对批评者加以反批评，以贯彻他们由此一题目所表现的对语文教育的高见。对这种高见，我未曾拜读过，因为对刚从小学毕业的儿童所出的试题，这是一般人可以用常识判断的，并且此次因试题所引起的批评，也都是在常识范围以内。"君子之过也，如日月之食焉。"这次试题的失当，我开始以为只能算是出题者偶然的疏忽，中国语文社的先生们，似乎用不上以团体之力去辩解。一般人的常识，在专家心目中，有时可以被认为非常识。不过语文专家，常常是由实验、调查、统计的结果，来发表自己的专门意见。我很清楚知道，到目前为止，台湾并没有这种专家，教育机关也不曾培养这种专家，所以针对一般常识所作的辩解，极其有限，恐怕也不过是一种诡辩。在十二三岁的儿童教育上玩诡辩，不是关心教育的人所应当做的。不过中国语文社所代表的不过是一个社会团体的意见，其影响力有限。但最近报载教育厅与中国语文社联合发给全省中学生语文奖金，则是由中国语文社所代表的语文教育的意见，即是教育厅的意见。而语文教育，所对儿童身心的塑造，是有决定性的作用的。任何当父母的人，决不肯拿自己的儿女作人情，所以我忍不住要说几句话。

语文教育，不仅是训练儿童表达自己意志感情的能力，同时也是训练、培养儿童之思考能力。训练思考能力，是多方面的，但最基本的除了语意明确以外，便是思考的秩序。明确与秩序，有相关的关系，一般人常说"某小孩有点思路"，思想是顺着一条路线展开，这即是有了点秩序。秩序的养成，在于训练儿童能作合理的联想、合理的类推。而这里之所谓"合理"，主要是指由此一事物到彼一事物，中间有明显的关连。换言之，即是属于"同类"的，"举一隅，不以三隅反，则不复也"，一隅之"隅"，与三隅之"隅"，是属于同类的。举一反三，这即是《墨经》所说的"以类取"，"类"可以一步一步地扩大，扩大到把所有的东西，概括为一个大共名。但把两样东西，作直接比较时，一定要有直接关连，或有很显明的共同点的"类"，这是不可以随便飞跃的。在二千多年以前的子夏，已经说过"切问而近思"的话，"切"与"近"，是以"类"为标准。离开了"类"去问、去思，乃是反映思想的混乱，并且可以增加思想的混乱。所以，"知类"是训练儿童思考秩序的最基本条件。把两件以上的事物排比在一起，要使儿童从中导出一个结论，这便是"知类"的训练。逼着儿童作不伦不类的想象、思考，乃是把儿童的头脑导向混乱，我认为这对儿童是一种毒害。

我们现在试来检讨"假使电影院像教室"的国文试题吧！第一，这一试题的语意，是含混不清的。电影院和教室，都是建筑物。顺着此一试题的语意解释，乃是"假使电影院的建筑像教室的建筑一样"。这样一来，一个建筑物是以演电影为目的，另一建筑物是以教课为目的。两个不同类的建筑物，如何能发生"像"

的关系呢？并且从建筑物自身来讲，两种不同类的建筑物，出题的先生们忽然要求甲建筑物像乙建筑物，这如何可能？又有何意义？把不可能而又是毫无意义的事物去考试儿童，引起儿童头脑的困惑，这不是存心对儿童加以虐待吗？

但出题的先生们所说的电影院及教室，恐怕指的不是建筑物，而是指的在这两种建筑物里面的活动内容，即指的是演电影和教课。若其用意是如此，则电影院便可等于是电影，教室便可等于是教课，因而二者可以随意互用吗？一个看了电影回家的儿童告诉他的爸爸妈妈说："我看完电影院回来了。"假定是很留心儿女教育的爸爸妈妈，会纠正他的儿女说："你应该说是，看了电影，因为电影院里虽然演电影，但电影院并不等于是电影。"幸而社会上很少这种白痴的儿童。假使出题的先生，认为仅说出电影院与教室，即可表明两种建筑物的活动内容，这便等于一个儿童把"看电影"说成"看电影院"，把"听课"说成"听教室"一样的可笑。假若出题的先生的用意，指的是后者，在常识上似乎应当说"假使演电影像上课"，或者"假使电影教育像学校教育"。但出题先生的用意，究系指前者或系指后者，从语意上不能看清楚。以这种语意混乱的题目，逼着小学生去做，不可能找出一个合理的"好"与"不好"的标准。因此，假定这次有儿童因作文不好而落第，那真是冤沉海底。

把上面语意的混乱，丢开不说，有的人以为教室是教育之地，电影院里所演的电影，像是一种教育。但当前的电影，有的是海淫海盗，抵消了学校教育的效果，出题的先生们的着眼点是为了想矫正这种趋向的。但是，第一，提出问题，要选择对象。难说小学毕业的儿童，是谈改良电影问题的对象吗？第二，纯从教

青年与教育

育着眼，也只能说二者之间应如何"配合"的问题，怎能说得上"像"呢？教育的内容、形式是多方面的。电影是通过综合的艺术形式，作人生各方面的探索，它与学校教育不是属于一类的教育。同样的教育主题，在教室讲出来，是一种效果；用综合的艺术形式表达出来，是另外一种效果。并且有的教育主题，只能通过某种形式表达出来。若用电影教数学、上国语，不仅完全失掉了电影的意义，恐怕在教学上也不很适当吧！今后我们可能大量推行电视教育，但电视教育依然不能"像"课室上课，而电视教育也决不能代替一般性的电影。"假使电影院（应去掉'院'字）像教室（'室'字应改为'课'字）"，那是把综合的艺术形式加以取消，也即是把电影取消了，还有什么"像"、"不像"之可言呢？岂特电影院像教室，是不伦不类，即使是同样的学校教育，但在教育的内容上，若有人主张中学像小学，大学像中学，这依然是荒唐之至。考试测验题目的自身，即含有重大的教育意义。为什么要以这种语意含混、内容荒唐的题目，以强迫的方式，搅乱儿童的头脑呢？

有人说，这是为了避免由恶性补习而来的预作的题目。不错，八股时代也有这种问题，于是主考人便出"搭题"，譬如把《论语》开首一章收尾的"人不知而不愠，不亦君子乎"，直接搭上下一章开头的"有子曰，君子务本"，以成为一个题目。这次试题的性质，正是这种搭题的性质。难说还要把今日的儿童，逼着走过去八股的死路吗？

这种试题的出现，我怀疑是因为看神怪小说看得太多，而缺少常识上"知识"、"类推"的观念。这种试题毫无疑问地，是对语文教育的破坏。

任何人都可能产生偶然的错误。这次错了，经大家指出，下次可以不再错。但问题的严重性，是中国语文的先生们拿出他们最大的语文能力，来对此加以支持，并且更由教育厅拿出钱来，交给中国语文社的先生们，发给全省中学生的语文优秀奖，由此可知教育厅是通过《中国语文》的团体，运用威迫（考验）利诱的方式，来贯彻这种不伦不类的语文教育，这便太严重了。今天本是"人哄人"的社会，但我恳切希望，不要把儿童教育作为"人哄人"的工具。

九月九日于台北旅次

一九六二年九月十二日《征信新闻报》

抢救中兴大学

中兴大学，可以说是省立农学院的扩大。我曾在农学院教过几年书，我的女儿现在正是中兴大学化学系的学生，所以我不仅关心它，而且也多少能了解它。最近该校发生了纷扰，这是很不幸的。听说有朋友出面奔走调解，并听说调解即将成立，这是每一位爱护该校、爱护自由中国大学教育的人，所馨香祷祝的事。但从调解中的若干条件来看，我忍不住要说几句话。

首先，我要陈述我的几点基本看法。

第一，大学并不同于普通的社会团体，因为有的社会团体的基础是"群众"，所以，代表它的权威的也是"群众"。但大学的基础是"学术"，代表大学权威的是"学术"。学术是由"质"作决定，不能由"量"作决定。凡是承认学术权威的是好大学，反对学术权威，甚至以群众力量去掩没学术上的是非的，是坏大学，甚至可以说不配称为大学。

第二，一个人进大学教书，所争的是知识而决不是权力。校长有责任安排每一个人在求知识上所必不可少的环境，但知识决非由权力所能得到，而必须靠各人自己埋头作研究工作。知识的价值，即是教授的尊严。因此，把权力放在第一位的教授，决不是值得尊敬的教授。

第三，大学和中、小学一样，教员是为学生而存在，学生并非为教员而存在。凡是教书尽责的人，对学校有讲话的资格；凡是教书不尽责，或根本不能教书的人，可以说他没有讲话的资格。

其次，我要说明，今天的大学校长，几乎可以说是不能承受的一个职位。第一，他的待遇不能维持一家数口的生活，更没有为了维系公共关系所必不可少的合理开支。第二，办公费、水电费，必须另外想方法弥补。第三，积累下来的冗员不能去，能教书的无从请。一个研究学问的人，仅仅应付上面三件事，已经是焦头烂额，所以大学校长对一位研究学问的人而言，真正是跳火坑。但是，不拉在学问上有了成绩的人来当大学校长，那还能算是大学吗？

林致平先生当中兴大学校长，有他的缺点：第一，他当校长不久后即出国，这不能不影响到校务的进行。第二，他有改革的意图而没有气魄，没有方法。第三，人事圈子稍为狭小。但他也有若干成就。首先，原来一直向堕性方面发展的趋向，稍稍停住了一点，有的人教书比较认真了一点。二三十年以前的油印老教材，慢慢地在淘汰，开始用上了新的原本教材。其次，新进去的若干人，据说，做事比较积极。

这次二十九人连名控诉林校长，是由各种复杂的原因、心理所汇合而成，其中不一定有绝对的是非可言。所以内部调解，才是理想的善后办法。但调解应以维护大学的前途为出发点。调解的内容我不完全知道，但听说其中有一条是要把化学系的系主任李汉英去掉。这便可证明这次纠纷的真正原因，乃是继续过去堕性的发展，及权力之争的极端表现。由这种原因所产生的调解条件，可以说是断送中兴大学的条件。

李汉英先生是日本京都帝国大学的理学博士，做事的勤勉，要求的认真严格，可以说在今日是极为少见的。他最大的缺点是常常以要求自己的去要求他人。同时，在学问上不很瞧得起人，所以大家觉得他的脾气有点怪。但他是在学问上有成就的人，是中国知识分子中最自爱、最有品格的人。他在东海大学，不买中国人的账，也不买洋人的账；对助教、讲师不客气，对行政当局也不客气。他挺着胸膛离开东海大学，谁能说他对东海大学的化学系、化工系没有很大的贡献？他到中兴大学化学系的半年多时间，是不是把实验室向前推进了一大步？他的作法，是不是比以前认真而严格得很多？他是在带着学生追求学问，把化学系变成一个像样子的学系。他的脾气有点怪，但大学之所以为"大"，便在于它能容纳有学问的怪脾气人。而李先生从来不过问他范围以外的事，和人不多讲一句话，这与他人有何关系？现在二十九位先生以去掉李先生为调解条件之一，试问，这与二十九人控诉林校长的，有何关系？难道说林校长聘请李先生不是为中兴大学生色，而也算任用私人吗？二十九人多是教普通科的，为什么干预到化学系里去了？难道说大家还能找出比李先生更肯负责的人吗？大学里教书的人，彼此间总应当有起码的同情了解。李先生在东海大学时，包括我自己在内，大家都不很和他讲话，但大家于不满之中，对他依然保持一番敬意。何致非联合起来，非把他哄走不可？这完全是"怠者不能修，忌者畏人修"的表现。不是积极性战胜堕性，便是堕性吞没积极性。不是学术是非战胜权力欲望，便是权力欲望吞没学术。我认为林校长宁可以辞职不干，而不能接受这种条件。我以学生家长的立场讲这种话。

一九六三年四月八日《征信新闻报》

慎重编选中学国文课本

　　凡是对文史有点常识，而又有孩子上中学的人，当听到自己的孩子啃国文、历史、公民这类的课文时，心里没有不感到难过的。其他方面的教材，也未必都好，但每为一般人的常识所不及，便在心理上少引起这种直接的反应。例如我不懂英文，几年前，我住中学的女儿拿着英文课本中谈孔子的一课，以怀疑的目光问我："未必孔子的意思，真是这样的吗？"她译给我听了以后，我答复说："这种说法当然不妥当，但你是读英文，不必管这些。"今年我的儿子读初一，英文依然用的是"远东"的。我听说几乎每课的课文，都有改动。我怕把孩子们的脑筋弄乱了，跑去问校长。校长说："这是东大外文系系主任柯安斯教授，热心负责改的。因为她说里面文法也不错，只是既不合于美国人的讲法，也不合于英国人的讲法，这在将来矫正便很困难，所以她便一课一课地改。"我问：为什么不换一家的？他说："据说，比这更坏。"由此一端，中学教科书的改订、重编，是有必要的。

　　昨天晚上，我偶然在朋友处看到孙云遐先生所重编的《初级中学标准教科书国文》第一册的送审本，随手翻到"二、孔子与弟子言志"，使我吃了一惊，便借来翻阅了二三十分钟。为了许多孩子，我想说几句话，供留心此一问题者讨论的参考。我的话说错了，也希望孙先生指教并原谅。

《论语·公冶长》篇有"颜渊、季路侍。子曰，盍各言尔志，子路曰，愿车马，衣轻裘，与朋友共，敝之而无憾"的几句话。孙先生把"衣轻裘"的"轻"字去掉了。我看他的"注七"，才知道是根据阮元《论语校勘记》删掉的。校勘通例，先选定一版本作底本，而将不同版本异同之字，详列出来，虽有取舍的断制，但决不轻易删改本文。在现行可以看到的版本中，找不出有一个本子是没有"轻"字的；所以阮元既没有将本文的"轻"字删掉，刘宝楠《论语正义》采用阮说，也没有将"轻"字删掉。这是治经史之学的基本常识。孙先生所编的是教科书，既无特别善本可据，则只能依照通行本。如孙先生相信阮说，尽可在注中注明，何可径删本文？此一字之删，证明孙先生缺少这一方面的基本训练。编教科书，一定要对有关方面的知识有相当根柢的人才可以担当。大概孙先生学问的成就是在旁的方面，我怀疑没有编国文课本的能力。何况阮元的那一条校勘，根本是大有问题的。话长了，留待将来再说。

因为上面所说的情形，使我吃惊，便借了这一稿本，在灯下翻了二三十分钟，觉得其中除了把现行标准本中最无聊的几课去掉以外，就全般而论，实在还赶不上现行本。试略举数例（按有位审查的先生，后来谈起来也认为赶不上现行本）：

"七、民心的向背"，是从《自由谈》上选的我的老友王平陵先生的《民元的双十节》一文。王先生的文章，是我素所佩服的。但这篇文章，恐怕是随意之作，不合作教材之用。我的想法，国文教材的起码条件之一，要结构谨严，字句斟酌。王先生这篇文章，在结构、字句上，似乎都有问题。此文分三大段，第一段是叙述王先生奉父命去拿《申报》及十几里路以内的乡下人打听消息，和他父亲为乡下人讲说报纸上的消息的。此段一开首便说"辛亥武昌起义，震醒大家的睡梦，那时期我年十一……"则照情理讲，王先生这一次去拿的报纸，应当是辛亥革命发生以后的报纸，乡下人所打听，王先生的父亲对乡下人所解说的，也应当是辛亥革命及其发展的消息。假使在解说上，要追溯到过去的情形，也须在文字上有一种交代，使学生明了文章发展的线索。但此文的第二段，毫无交代地说："我父亲曾为他们讲述黄花岗烈士的英勇故事……我也不自觉地哭了一场。"这便与前面在辛亥武昌起义后去拿报纸的情景，不太连接得起来了。第三段的开首，作者以自己的判断算对前面作了一个关联性的回顾，但对初中学生而言，总未免太迟了一点。而且接着叙述"如今回想民元的第一个双十节……在南京就任临时大总统的孙先生……"从这段文字的发展看，读的人便以为孙先生是在第一个双十节就任临时大总统的，我相信王先生也会知其不然。这也是在结构的线索上，交代得不够清楚。至于王先生叙述他坐船去拿报纸时，很文艺地说"一只十八世纪的木船"，为什么王先生坐的船是十八世纪的？十八世纪的船的特征何在？恐不是初中学生所能了解的（按后来有位负审查之责的先生告诉我，此文有两处不很通顺，不知指的是哪两处）。

　　"八、蝉与萤"的一课，是陈醉云先生的大文，我觉得更有问题。此文一开始便说"夏秋之交，是一个虫声竞奏的时节"。夏秋之交，当然有虫子叫。但陈先生在这里不是陈述他个人在夏秋之交某一时的特别领受，而是对虫子叫的一般陈述，则"以虫鸣秋"，乃一般常识所公认，为什么"竞奏"是在夏秋之交？而后面又说

"使我们一谈到夏天，总免不了要谈到他们（按指的是蝉）"，则陈先生所谓"夏秋之交"，实际是侧重在夏天，这合于常识吗？陈先生又形容蝉鸣说"站在高高的树上，高声长啸"，蝉的鸣声和"长啸"有相似之点吗？又说明蝉的特性是"在一切动物中，似乎再没有他们（指的是蝉）那样爱热及赞美热"。按《夏小正》及《月令》皆有"寒蝉鸣"的话；寒蝉鸣，是蝉感寒意而鸣，所以中国人认定"秋"才是蝉的旺季。钟嵘《诗品》说"春风春鸟，秋月秋蝉"，此外的例子不胜枚举。陈先生对蝉爱热的灵感，不是一般人所能领会的。最后陈先生得意地写道："蝉能够大声地喊，能够高声地唱，是像挺胸突肚的好汉。萤虽然不声不响，却能发生光明，好像掌着灯火的小姑娘。"陈先生心目中的"好汉"，正是《水浒传》第七回《花和尚拔倒垂杨树》中所描写的"泼皮"，及今日的太保。而萤火是一明一灭，世间有一明一灭的灯火吗？纵使萤火像灯火，则在陈先生的灵感中可以出现"小姑娘"，但初中学生看了，岂非白天里活见鬼？

"一一、辛亥革命的逸闻"，我翻一翻，里面所举的两件事，真叫人觉得很奇怪，原来是"章征颖先生从《中央日报》记者潘启元君纪录居觉生先生追述武昌起义经过一文中，节取材料，编写而成的"。辛亥逸事多得很，章先生既未亲闻亲见，又不曾稍稍费点气力，多找一点参考资料，这只能算是他个人道听途说、苟且成篇的东西，也可以作教材吗？况且居觉生先生有《梅川日记》，内记有许多有价值而又有文学趣味的辛亥革命逸事，如《偷金菩萨》、《沔阳监学》之类，很合于儿童、青年的味口，为什么不选？却选这种转手的货色呢？

总之，我匆匆翻了一翻以后，感到假使中国文学的遗产，是像这种标准本中所反映出来的枯竭幼稚，除了两课诗外，没有一篇琅琅可颂的东西，我便只好承认东方文明真正无灵性了。若大家承认国文教学，对一个民族组成分子的人格塑造有其重要性，我便呼吁考虑一下我下面的建议：

一、将现时送审之本，暂时收回，留作参考之用。

二、由国立编译馆①收集中国过去为儿童教育所准备之材料，如"小学弦歌"之类；②收集自有国文教科书以来之材料；③收集外国此类材料，尤其是日本的，因为比较和我们接近；④收集明清小品文，及民国以来原非共产党之作家的作品。

三、筹集一笔专款，集中三五位对国学有基础、对文学有研究之人士，在三个月内专心从上述参考资料中，分工整理，个别提出意见，最后交由一人主编。课文选定后，再分工注解，由主编者总其成。编成初稿后，分送各大学中文系及中学国文教员，请于一月内签具意见，重行整理为定本。如此，则主编出书虽约迟一年，但贻害青年之责任稍可减少。

四、除总统的大文外，决不选录活着人的文章，这是我国选文的优良传统。前年如日译 Arnold Bennett 所著的《文学趣味》一书，也特别提到这一点。

五、如不能作到二、三两点，则望完全开放。教科书编印的自由竞争，一定要比现状好。

一九六三年六月二十五日、二十七日《民族晚报》

大学教育中的国文英文问题

　　报载台湾大学校长钱思亮，在改进大学课程会议中，认定高中毕业学生考入大学时，有的国文、英文程度已经很好，所以主张把大学中的大一国文、大一英文由必修改为选修，得到会议的通过。这种基本课程的变动，关系于整个教育文化的方针，是一件大事，我想说几句话。

　　首先使我惊异的是，钱校长凭什么资格来提出这种主张呢？钱校长是学化学而不是学人文科学的。就我所能了解的世界学术上的行情来说，大概过了五十岁的第一流的自然科学家，才会谈一般文化上的问题。第二流的自然科学家，才可以谈知识问题。第三流的自然科学家，才可以谈技术问题。第四流的自然科学家，只可以看懂教科书，在讲堂上授课。第五种人是对自然科学一窍不通，对其他学问又一无是处，便只好以"提倡科学"的姿态来"附庸"风雅。把钱校长评定为第四流的科学家，或者是第四流与第三流之间的科学家，大概钱校长自己本人，不会有多的话说吧！大学中国文、英文课程的问题，实际关系到一个国家整个的文化问题。钱校长觉得仅凭"台湾今日大学校长"的资格，便可以大胆提出在自己所学范围以外，关涉到整个文化教育方针上的问题，而无愧于"科学的良心"吗？

因为我们两百年来学术上的落后，到了今天，没有一门学问可以自立，甚至也没有具备造成可以自立的自足的条件。连研究本国文史的人，若不能弄通一种西方语言，便不能在翻译中得到有关的西方学术上的训练，使研究者很难从落后的锢蔽中解脱出来。东海大学可以算最注重英文训练的大学，但连成绩很好的学生，初到外国时，都感语文能力的不足。钱校长若稍有点语文的常识，能认为再好的高中毕业生，他的英文程度便已能达到吸收外国学术的要求吗？今日一个大学毕业生，应当养成不必出国而即有阅读，并翻译有关外国著作的初步能力。半生不熟的外文程度，其自误误人，这是有目共睹的。

　　也许钱校长提议的真正目的，是在作为废除大一国文的初步，至于大一英文，不过是拿出来作陪衬，因为这是两年来台北的一股气流。有一点我也承认，像今日大一国文实际教授的情形，是会使人发生"这到底有什么意义"的疑问。但这只说明今日大学教育的堕落，而这种堕落，对各课程而言，实际并无两样。只不过在大一国文方面，容易使人感受到而已。小学的"国语"以训练发音正确的语言，并培养儿童活泼的性灵为主。初中、高中的"国文"，则应进而注意训练儿童、青年的想象力及思考的秩序与表达的条理。大一国文，则主要在使青年能得到起码的人文的教养，这是各先进国家大学教育中共同的趋向。有人以为大一国文是在训练作家，固然是误解。更有人以为大一国文是在训练注音字母，那更是胡闹。今日大一国文，不能达到人文教养的目的，这是办教育者所应负的责任，与课程的本身无关。台湾大学内，不少"西化"之士，能发现今日欧、美的大学教育，不重视人文教养吗？这可以拿美国麻省理工学院作印证。更能发现重视人文

　　　　　　　　　　　　　　　　　　　　　青年与教育

教养而不重视自己国家民族的文化遗产吗？台湾大学，可以说就是今日台湾的"大学中的大学"。仅从大一国文这一课程来说，由傅斯年先生硬性规定以《孟子》、《史记》为大一国文教材，一变而放弃此一教材，再变而使大一国文成为可有可无之列，钱校长清夜自思，这到底是表明你们在不断地进步，还是表现你们在不断地堕落？十多年来，我得滥竽于大学教授之列，每一想到俗传年羹尧"不敬先生，天诛地灭；误人子弟，男盗女娼"的对联，不觉汗下。全省最优秀的高中学生，都集中到台大，我希望钱校长更应当有此种警惕。

台湾大学里面，我知道有不少的高明之士。但今日台湾的学术文化界，因十年来的精神怠工，以致全凭人情世故来处理学术文化上的问题。凭人情世故处理问题，结果必然地变成以"势利"来处理问题。有势利者之所是，随而是之；有势利者之所非，随而非之。若有人冒犯此一大趋向，则由势利而来的强弓冷箭，立刻会集于一人之身，这便使少数有学术良心的人，不能不以黄老之术自全自保。而凡是有势利者，几无不是肆无忌惮地"凭想当然耳"讲话，这一趋向，才是今日台湾学术文化的毒癌。但我要提醒一句，这种势利主义的横行，必然会埋葬学术，也必然会埋葬知识分子的自身。

一九六三年九月二十四日《征信新闻报》

儿童的成长与家庭

一

儿童问题，几乎可以说是第二次世界大战以后的世界性的严重问题。此一问题的本质，是说明由人的第一代的危机，更深深地种下了第二代的危机。如何抢救第二代的危机，各健全的政府、社团，正在作各种切合实际的努力。日本文部省在今年四月廿七日公布了《家庭教育资料》第一集《儿童的成长与家庭》，颁发给全国的教育委员会，作为家庭教育的指导目标，这是日本政府对此一问题重大努力的标志。第一集是以九州大学教授牛岛义一氏为首，再加上其他三位学者所考察研究写成的，其中特别强调"双亲之自觉"及"双亲之教育权"，重新肯定了家庭对儿童的教育责任，这是值得作父亲、母亲的郑重参考的大事，所以把它的内容，根据日本报纸上的摘要，很简单地介绍在下面。

它首先说明第二次大战以后，家庭对于社会进步的重要性好像是在减少。但最低限度，对儿童的教育而言，则并非如此。例如英国人称自己的家庭为城堡，在此城堡的甜蜜家庭气氛中，努力教育自己的子女。苏联也渐渐承认在公共保育制度中教出的孩子，并不胜过家庭教育，因而对家庭教育也加以重视。在近代社会中，新的家庭，是作为"精精卫生的机能"而重新肯定其价值。

因为近代初等教育的发达，使父母们过分倚赖了学校。其实，儿童问题，最好是在家庭中解决，并且当父母的人应当具有此种信心。首先，形成一个人的性格基础的，是在幼儿时期。幼儿时期，正是能够有效实行家庭教育的时期。其次，学校教育总是站在"教者"与"被教者"的社会立场，而亲子之间，则是彼此成为"一体"的关系。因此，学校教育，自然趋向于以知识为重，而人格的形成，实有待于这种"一体性"的熏陶教养。

二

在上述资料中，除了强调教育孩子，是父亲、母亲的责任，也是父亲、母亲的权利之后，更提出了几项家庭教育的指导目标。

第一，注意儿童成长的能力及性格形成的基础。因此需要（一）伸长儿童的自发性和自律性。（二）在教导时不要成为对儿童的压力与恐惧。（三）当父亲、母亲的人，不要仅仅以娇惯的口气去要求，而是要在严肃的生活中去要求。尤其是做父亲、母亲者的自身，必努力于人格的发展、向上，以身作则。

第二，要养成儿童的良好习惯。每一个人都是生活于自己的习惯之中，而习惯是经过长时间所养成的。家庭正是养成儿童习惯的场所，在家庭所养成的良好习惯，是小中学校道德教育的基础。当父母的人特须养成儿童们尊重生命，增进健康，保持安全，自己的事自己做，及注意礼节与仪态，爱惜物件与金钱，打起精神来做事等等习惯。并且在养成时不仅应注意个人生活的规律，同时也应包含遵守社会集团生活的规律。对儿童来说，家庭是他最切近的生活集团；应使他通过家庭以加深对社会集团的了解，及学习为了适应集团生活所需要的各种条件，集体生活中最基本的要求，是抑制自己的生活以理解养育自己的集团。在此一意义上，家庭生活，正是养成集团生活的基地。随儿童年龄的增长，应使他更理解大集团生活的意义，及在大集团生活中的态度与行动。爱国心，不是可以靠理论、观念所能养成的，而是要在生活的关连中自然地加以养成。当父亲、母亲的人，应当求得可以增加理解自己的乡土、国家等纪念节日的机会，带着孩子们去参加。

三

由上面极简略介绍，应当可以引起三点考虑。第一，台湾的太保儿童，一天多似一天。追寻到底，都可发现每一太保儿童的后面，都活动着他的父亲或母亲的某种生活不正常的面影。尤其是有钱有势者的妻子，常常是以闲荡奢侈去消耗自己丈夫所得的造孽钱，对子女不断发生反教育的作用。等到太保学生出现了，为了给他以保护与便宜，便经常以这种太保学生后面的钱与势，去破坏学校的正常教育。这种荒淫没落的家庭，给下一代的毒害真是太大了。

第二，由上面的资料看，儿童教育，不仅是知识上的，更主要是人格上的。而人格教育，必须在人与人的密切关连中，必须在其日常的集体生活中，始能加以养成，并且经过专家研究所得出的指导目标，实与我们传统中的家庭教育，可以说若合符节。台湾今年要实行一种空中教学的初中制度，使儿童教育完全脱离了人的关系与集团生活的关系，这是世界任何国家所找不出的教育常识。

　　第三，日本文部省于四月廿七日公布了上述的资料，他们的各大报纸，多于廿八日以第一版的头条新闻的地位，刊出了两三千字的摘要。他们这种对新闻价值的判断，真值得许多新闻从业者的参考。同时，我常常感觉到，先进各国报纸的副刊，只要儿童有了阅报的能力，便一定可以受到各方面益处，而落后地区报纸的副刊对儿童所发生的影响，除了"寒心"两字以外，还能说点什么呢？

一九六四年五月廿四日《华侨日报》

青年往何处去

这是近代任何哲学家，任何科学家都不能有把握向青年提出答案的问题。在我们要明白什么是当前青年的出路，为什么对此一问题难于提出答案前，我们先要了解今日青年所生存时代的背景。

历史家常用简单的话将某一时代、某一世纪的特性表达出来。而二十世纪由许多思想家所强调的特性，则是一"危机"的世纪。人类的历史原是不断遇到危机；思想家之所以称此一世纪为危机的世纪，乃是因为我们这一时代的危机是过去人类所很少遭遇到的。我们可以从几方面说明这点。

第一个危机：由于核子武器的发展，可以在错误的情报下，在统治者片刻的精神不正常下，在偶然的判断错误下，由按钮而毁灭现代的文明。因此近世大科学思想家所活动的目标，就是想将人类自核子武器下挽救下来。

第二个危机是思想斗争的危机：现代思想斗争与过去思想斗争之不同，在于此斗争是决定人类大规模生或死的关头。由于两大集团的对立，两大思想路数的斗争中实含有"血的斗争"的意味。古巴卡斯特罗的胜利中流了多少血，若其反对者胜利，亦将流此相同之血。大陆上所流的血泪更不待说。所以现代的思想斗争实为深广的流血斗争，而每个人无论愿意参加与否，在此思想斗争下亦将与他人流同样之血泪。

第三个危机：是就自由世界来看，科学的发达，经济的发达，虽达空前的繁荣，但自美国黑白的纠纷，资本家、工人间的矛盾冲突，以及经济发展本身的危机，一切繁荣随时可临一九二九年不景气的覆辙。

今日自由世界的形势，可以用东海的教堂比喻，"钢筋水泥的构造中包含着百孔千疮的心灵"。

再就我们的台湾来看。台湾可以说是一个世界的矛盾，世界的冲突的尖端（触角）。今日我们大家处于此尖端上，如果仍觉得安定，那足证明大家头脑的麻木。

在此危机世纪中，人类的反应、挣扎，表现于此一世纪的挣扎。而这一世纪的思想则是虚无主义（此为我们这一危机世纪所出现的思想的特性）。

虚无主义的内容特征，以及所代表的人类精神，乃是一"否定"、"破坏"、"不信任"的精神。此一世纪的危机意识为一纯否定的性质。否认人类历史所累积下来的价值。由于对价值取否定态度，对现在的秩序亦同样取否定态度。

在人类进步过程中，常有反对原有的价值和秩序，以建立一新的秩序；而目前的虚无，则无目的，无将来，为否定而否定，为破坏而破坏；虽然他们并未能完全否定、破坏成功。此虚无主义的否定精神，表现于实存主义、意识流、超现实的表现。此虚无主义说明人类在此危机世纪的压迫下无路可走，故而出现此一思想形态。

今日青年往何处去，乃是一世界性存在的问题。因之，眼前青年实很难找到一真正的出路。就下面几项逐项来看：

一、出国：出国后是否就解决了问题？如果以出国为出路的话，没有出国的人是否即死路一条？

二、政治上求发展：立法委员陶百川先生曾提出目前政治上的四个现象，其中之一是"反淘汰"。表现在政治上，我们常常看到越无品格的人越有办法。因此，目前我并不鼓励你们从政治中找出路。

三、信教：并不能当做出路。有人说宗教像鸦片。这话在落后地区有其十分之六七的真实性。

四、中国传统的出路——回归自己的家族：在中国历史中，在大危难之际之能免于消毁，原因固然很多，其中之一就是得力于"家族"。而此家族实为以道德为中心的自治团体。但今日，家族意识业已消失，家族纽带亦已松弛，已是无"家"可归。

五、隐士：自中国历史上开始出现平民知识分子以来，即有隐士，以表示对黑暗的时代、政治，作消极而坚决的抵抗。但现在，由于社会组织、政治的发达，根本无路可隐。

这五条路，就一般而言，无一能真正成为青年的一般出路。然则，我是否要对大家说你们青年今天已经是无路可走？

人的现实生活实依据于理想；我们仍能希望从现实中提出理想，而就理想方面提出一条出路。将追寻"往何处去"，转为追寻"生存价值"。一有价值的存在，即为一真正的出路。价值的人生，不受职业限制，不受社会地位限制，不受财富限制。要找出路，只能从人生价值上找出路。而青年出路的问题，实即今后青年追求人生价值的问题。欲自人生价值中找立足之点，我们要先了解到真正人生价值的先决条件：

一、人生的价值是主体性的，其价值不操于旁人之手，能由自己作主，能借自己力量达到。

二、人生的价值是基核性的。人生价值是一切价值中之最根本，最中心者。在各种不同的生活条件下，在各种变换中，均应把握住一"常数"作为人生的立足点，而后价值才能显现（偶然性的价值则不行）。

三、人生的价值是社会性的。如果人生的价值是孤立的，孤独的，但人又要生活于社会中，则个人生活岂不是不断与社会矛盾、冲突？因之，个人的价值仅能存在于社会的价值中，个人的生存只能在社会中得到保障，人生价值与社会间应相谐和。

此外在人生价值的追寻上，还有两个信仰上的基本假定：

一、应该信任人类的理性。人类的生存发展，乃是循理性的线索往下发展。元朝统治中国，手段严酷，民不聊生。在一个旱天，几个赶路的人口干，看到路边的梨树，都去摘梨子吃。只有一个叫许衡的人不吃。别人劝他说，梨子是没有主人的，为什么不吃呢？许衡回答说："梨无主，吾心独无主乎？"这话看起来虽然傻，但中国民族在元朝那么大的压力下，仍能复生，实在是凭借着有这般有"梨无主，吾心独无主乎"的气概的人。

二、应该信任历史。人类的理性在平面看，力量很薄弱，且常为反理性所压迫。但把时间拉长自历史上看，理性仍为人类命运的支配力量。信任理性必将能在历史中抬头。

在宗教的立场，人的价值由神把握，人无力量实现自己的价值。西方形而上学中虽有理型世界，但却要求人自现世生活中解脱，以追求最高的理性世界。故发生两个问题：

一、此世界既然在人本身之外，有什么把握一定追求得到？

二、此最高价值既在现实之上，之外，即使实现，亦与现世生活不相干。

只有中国两千年来文化中，把握住每个人的价值即在其本身之内，可以由个人实现、完成。因为是人人能做到的，故有主体性。因为此价值存在于每个人生命之中，故为基核性。而且中国文化中所包括的个人生命价值中，同时涵融有社会的价值，故亦是社会性。

自己生命价值的完成，就是人生最有意义的归宿。

在发现自己生命的价值后，为了把握此价值，在消极上要保卫自己的生命价值。首先要自觉到青年最大的价值在于心灵的干净。失去心灵的干净，即不成其为青年。因此，尽力不要为社会的卑鄙龌龊所污染。在积极方面，要充实生命中所潜在的价值。这在你们目前，可以从三方面来着手：

一、用功读书，发展生命中潜在的智性价值。

二、生命中原含有德性，此德性的特性常超越于个人利害之上。将生命中所潜在的"利他"要求发挥出来，而考虑群体的利益。

三、艺术的陶养。艺术的精神为一"不关心的满足"。这种无所谓的求得生活中当下一种不关心的满足，常可纯化生活中许多杂乱的成分，保持生命的原始生活力，从而保持天真无邪的生活态度（小孩在游戏中常能得到此"不关心的满足"）。

循此，人生价值成长充实的第一个征象，是群体联带感的加强。换言之，即在自己个性中涵摄到群体、群性。随着生命力的扩大，而自能有"先天下之忧而忧，后天下之乐而乐"的气概。在目前的大难之中，个人唯有同社会生存在一起，与国家民族连系在一起，才能在风浪中有所把握。

人生价值充实的第二个征验，表现在"有所不为"。要明白"有所不为"的精神毅力之所在，我们要先了解到"人必有所不为，而后有所为"。历史上多少危机都是在"有所不为"的人手中，自黑暗过渡到光明。所以能做到这些（用中国的话来说就是"成己成物"），在理论上即是在此危机时代的光明出路。

你们问我"青年往何处去？"我的答复是"青年向本身所潜伏的价值去！"

本文是徐先生一九六四年在中兴大学的讲演稿，由徐均琴记录，现据手稿登载。[1]

---

[1] 此为原编者注，系本文收入《徐复观杂文补编·思想文化卷》（黎汉基、李明辉编）时所加。

由一个国文试题的争论所引起的
文化上的问题

今年大专联考，国文试题中出了一道《论语》上的"知之者，不如好之者；好之者，不如乐之者"的作文题目，引发了一连贯的讨论乃至攻击。平心静气地看，此题的难处，也或者可以说是不十分恰当的地方，在于"好"与"乐"的两个层次，不容易为考生分别得清楚。但这是要由选材、教学与出题三方面所共同分担的责任。在国文教材范围以内出题，大体上并没有逸脱出常轨。但许多发表批评意见的人，却把年来反中国文化、反在国文教材中有古典教学等特殊意见，又借题大发挥一阵。其中最突出的是某报什么集上所说的，现在正是要现代化、科学化的时代，却还在古典上出题目，出题目的人"简直是精神分裂"。这个题目是台湾大学中文系教授戴君仁先生出的。这位现代化人士，不妨去和戴先生对坐二三十分钟，请心理学家根据现代心理学的知识，看对坐的两方，是谁在心理上有了毛病。

文化上本来常会发生争论，但因在高中国文教材范围之内，出了一个以古典为根据的题目，而骂出题目的人是精神分裂，实际是骂中学国文课程中教古典的人是精神分裂，这是稍为有点文化水准的社会所不会出现的事情。去年有一位中央民意代表，发表高见，主张大学的中文系不应当读古典，而只应读他们的文学作品，这也不是稍为有点文化水准的社会所能出现的言论。一个社会有关文化上的若干共许的常识——例如国文教材中应包含本国的古典教学这类的共许的常识——的形成，后面实含有许多文化里面的相关知识，和人类所积累的生活经验。这种共许的常识也会不断地发现问题，而需不断地加以改进；例如今日的中学国文教材，及大学中文系的教学方式，都有需要大加改进的地方。但改进之后，依然是在社会所共许的常识之内。今日要使我们社会中反对这类共许的常识的人，能了解他们自己的错误比要一个小学生听懂高中的课程，还要困难。因为这不仅须要把有关的知识，从头说起，而且这种人，常常是当他口里说出了"现代化"三个字时，便以为自己业经现代化了。谁说他错，谁便是反对现代化。但就我所了解，包括戴先生在内，是不会反对现代化的。

最近我看到某人从日本带回了两册经日本文部省昭和三十七年四月二十日审定完的中学国语教科书。一册是古文编（乙Ⅰ），一册是古典编（甲）。两册在目录的前面，都附有京都广隆寺的"半跏思维像"的佛像。而且材料中假使原本附有图绘的，便也用上原来的图绘，不再另请高明。古文编中列有十一个大项目。计：一、古典入门，二、说话，三、日记，四、《大镜》与《平家物语》，五、和歌，六、能与狂言，七、随笔，八、西鹤与近松，九、俳谐，十、《古事记》与《万叶集》，十一、《枕草子》与《源氏物语》。书后附有古典文学年表，始于日本推古天皇十二年，即西历六〇四年，终于日本庆应二年，即西历一八六六年。次年为"大政奉还"、"王政复古"，这是明治维新的开端。明治维新以后，文学方面的发展，在质与量两方面，实已超过了他们古文文学总和的若干倍；并且其中有不少的作品，也取得了古典的地位。因此，在他们的国语教材中，会取入不少的近代作品的。但可以断言的是，他们决不会像我们的教科书一样，选入活人的作品。这是古今中外选文的通例，更不会下流到以选文作为追女人的工具。

另一册的古典编，共分十四个大项目。计：一、古典入门。二、说话。三、中国的故事，内包括"萤雪之功"、"推敲"、"蛇足"、"矛盾"、"渔人得利"五则。四、随笔。五、《大镜》与《平家物语》。六、中国的诗，内选有孟浩然的《春晓》、苏轼的《春夜》、杜牧的《江南春》、王维的《鹿柴》、张继的《枫桥夜泊》、李白的《子夜吴歌》、杜甫的《春望》，共七首。七、西鹤与近松。八、和歌与俳句。九、纪行。十、中国的历史故事，选的是《史记·项羽本纪》中鸿门之会的一段。十一、隅田川。十二、《古事记》与《万叶集》。十三、《枕草子》与《源氏物语》，十四、《论语》与《孟子》，《论语》中附有吴道子的孔子像，及影印有朱熹《集注》卷首的一部分，共选有六则。《孟子》中附有拓本的孟子像，选有四则。书后面附有同样的古典文学年表。

看了这种教材后，可以提出下列的问题。第一，古典编中为什么不选入西洋的古典，而只选中国的古典？这并不是说中国的古典比西洋的古典好；而是中国的古典，早进入于日本历史之中，成为日本国民精神的重要源泉之一。第二，日本的古典，在中国人看来，多是中国古典的二手货、三手货，为什么要选得这样多？这是因为受教的是日本青年，青年的教养，只容易从与自己血肉相连的古典中获得；这和看中国小姐，比看菲律宾小姐乃至美国小姐总觉得亲切些，是同样的道理。并且古典的意义，是要经过人们不断地发现的，日本人正不断地作这种努力。第三，世界还有许多重要古典，为什么他们不加以吸收？这是因为大学中有许多与世界重要古典有关的其他的科系，在那里等待着。而一个人修学的进程，也和一个人出外游历一样，开始从自己的家，从自己的村，起步前进时，并非限制人此后的鹏程万里。第四，现代科学、技术，进步得这样快，日本人为什么要教这种古典？这是因为学校中除了这一门功课以外，还有其他的数理化等功课；而由古典所得的人生教养，是作为一个现代人的基本条件之一。第五，一个青年的兴趣，假定根本不在古典这一方面，这又怎么办？这只有等他将来升学的时候，不要考入文史系。而过早的精神偏食，不一定是精神健康的现象。社会上有言论之责的人，不应助长这种偏向。日本中学国语课程中既有这种古典教材，则当考试时，若有人以古典为试题，大概在他们的报纸上，不会有人狠毒地骂出题者为精神分裂吧！这种违反常识的刻毒的人身攻击，在以文化学术为讨论对象时，在我们社会上是经常地出现，正证明我们的教育，在人文教养上，是如何的缺乏。

　　谈到大学的中文系，是存在有很多问题的。简单地说，它的根本问题乃在讲授的人，缺乏有关的知识训练，因而不能以有关的近代知识作背景，致使古典的内容，不能整理为"知识系统"，而让它一直停顿在"原料"状态之下。古典的"知识系统化"，即是古典的现代化，这才是研究中国文史、讲授中国文史的人，所应作的一个永恒的努力。这种努力，就目前的风气看，恐怕在我们的下一代还不能开始。例如日本的《万叶集》《源氏物语》中所含的文学意味，年年都有新著加以发现，而我们只用"死文学"三个字交代清楚了。日本的"正法眼藏"，可以说是从我们禅典中所作的一种摘录。在他们的大学研究院中，在他们有关的思想家中，对此正作不断地讲求研究；我们则用"这是和尚所说的谎话"，便交代清楚了。因为我们的无知，所以一切古典，在我们的眼中口中，都变成索然无味，这如何能使受教者不倒味口。但近年来对中文系提出批评的，却不外下述两点：一是不应读古典，另一是不能教给学生写小说。我曾经发表过一篇文章，说明今日大学中作为许多学系中之一的中文系，它的主要目的是在于传承并传播自己民族的传统文学及与文学相关连的思想，使一代一代的人能得到自己文化的教养。教授的方法，仅就文学这一方面来说，只能传授有关文学内容与文学历史及写作技巧的知识，及训练一般的文字表达能力，并不能教学生当作家。因为有这种文史知识的人，不一定能成作家。而作为一个作家，也不一定需要这种知识。例如有几位朋友向我提到台湾最近出了一位新作家，我看了他的一段小说后，觉得若从语文的角度去看，也可能不是一个好的中文系的学生，因为他的语句还没有成熟。但他有对自己周边环境的反应力和想象力，并勇敢地把它表现出来，便不妨说他是一位新进的作家，这不是很明显的例子吗？对于中文系的目的及知识的传授没有兴趣的人，最直捷的解决方法是不读中文系。中文系的学生若有志于创作，中文系的先生可给他以鼓励、帮助；但这不是课堂上的问题，也不是中文系的主要责任，谁能因为一二人的兴趣，便取消这一文化整体中的一个组成因素呢？谁能因为一二人的兴趣，便把中文系的目的和知识的传授加以改变呢？我又曾介绍过一位生长在瑞士和法国的日本人士所谈的法国大学中的文学课程；是如何以古典作教养作为资借的情形。我手头有一本日译的英国 Arnold Cennett 所著的《文学趣味》，作者是以《老妻故事》（一九〇八年）的大作而登上文学的王座的。他在这

136　　　　　　　　　　　　　　　　　　　　　青年与教育

部书中说明"文学是人生的手段"（按即指教养而言），能由阅读文学而得到若干的人生的手段，即是文学的最大效用。他又说明，每个人都会看时下流行的小说。但若要教给人以如何可以得到文学的修养，因而得到人生的手段，他认为只能劝人读古典的作品。因此，他特在书中专有一章（第三章）谈"古典之所以为古典"，另有一章（第五章）则专谈"古典的读法"，第十一到十三章，则是他为文学爱好者所开的，分三期购买的一张古典文学的书单。莫尔顿（R. G. Moulton）的《世界文学》（*World Literature*），是这一方面的权威著作。他在第九章《文学中的要害之地》里面，特别告诉有志于世界文学的人，应当先探求文学中的要害之地。他并列出从柏拉图到拜伦们等十六位作家及中世纪的四个作品，以供人采择。在一个健全的社会中，决找不出为了推销自己的货色而反对一般人研读古典的作家，何况是大学中的中文系。前不久，我和一位对西方文学很有研究，不声不响地译著了几部很有分量的有关西方文学著作的先生（此指的是黎烈文先生。校后补记），谈到这类的问题，他感慨地说："没有哪一国的大学文学课程不是教古典的。也没有哪一国的大学文学系是文艺创作训练班。但今日在台湾，对这些问题不能开口，一开口，便有不三不四的人，和你纠缠到死。"但我想，中学、大学的国文教学，是关系到整个的青年教育问题，所以我忍不住，又冒这种纠缠到死的危险而开口了。

我在学问上是一无成就的人，但垂暮之年，渐渐了解人类的庄严，主要是表现在学海的渊深广大里面。更了解，在学海里决没有哪一门知识，可以包办其他部门的知识。何况今日在台湾，还不容易发现出对某一门知识，是确有贡献的人。凡对自己不曾下过若干功夫的问题，而因发表的便利，便信口开河地大发议论，结果都是测字卜卦的议论。最不幸的是，我们今日不断地作这种议论的人，却说他是代表科学、西化，天下最滑稽的事，孰过于此。《法国哲学入门》（一九四四年初版，日译本系根据一九五一年的三版。）是目前在法国颇为流行的一部书。著者André Cresson，在序言中指出明晰性、确实性、秩序性，为法国哲学的三大特长。在谈到确实性这一项时，首先引孔子"知之为知之，不知为不知"的话，以作为求到确实性的起点。而"科学若不知道自己的界限，便不能发达"的名言，真正有科学精神的人，不可能不加以首肯。我常感到，我们在文化学术上，"未卜先知"的言论太多了，这会混淆社会的进向，实际也阻碍了发言者自身的进步。我愿借此机会，提供大家可资反省的一例。

一九六四年十月五日《征信新闻报·学艺周刊》第一期

知识与符咒
——做人做事求学要在平实中立基础

我对现时若干大学生求知的态度，有时不免发生一些感想。这些感想，还没有酝酿成熟，此时把它说了出来，只是为了供大家反省的参考。一个人进入到大学，应当是意识地追求知识的开始。知识上的分工，愈来愈细；但只要能成为一种知识，便应当有若干共同的特性。

第一，它是可以经验得到的。

第二，它是合理的，因而也是有秩序的。

第三，它是客观的，或可以客观化出来的。

第四，它纵使极精极深，但可以通过一条路径去接近、把握，因而是可以学习的。

追求知识的目的，不仅在积极地学到某些知识，同时也是训练自己的思考，由混沌而进入明确，由杂乱而得到条理。明确、条理的思考能力，也正是摄取任何知识的必需条件。

我们当然不断地遇着许多杂乱的材料，把杂乱的材料，加以处理，以建立某种秩序，这便是知识。我们当然也会遇到些非合理的研究对象。例如人的自身，即含有非合理性的一面；把非合理的对象作合理的处理，并予以合理的说明，这便是知识。有的是知识以外的学问，有如道德、宗教、艺术等，它们的自身并不是知识；但当我们把它当作研究的对象时，依然首先要通过知识去加以处理。由研究而转移到将其实现时，才由知识的活动，转移为实践的活动。

任何时代，都会出现些特殊现象；但要以上述的知识，及通过知识可以了解的道德、宗教、艺术，为其常态。常态是支持人类生存、发展的真正力量，也正是大学教育所走的正路。当然有的个人，可能有些神秘性的经验；但在这种神秘性的经验未进入到知识的了解以前，那只能算是属于个人独特的私产；旁人对它，惟有采取保留的态度。即是不轻易去反对，更不轻易去信仰。

上面简单的陈述，应当可以了解，知识与符咒处于对极的地位。符咒在人类历史上，曾发生很大的力量。培根说"知识即是力量"，这是人类进入近代的大标志。知识的力量是来自它的明确性、合理性、可知性及共许性。符咒的力量是来自它的混沌性、杂乱性、不可知性及神秘的特殊性。知识是诉之于多人的认知理性和道德理性。符咒则诉之于特定人物的吸引力和律令、权威。人类由符咒走向知识，并不是一件简单的事。我国古代的符咒，到孔子而清理得差不多了；但统治者需要符咒，于是而有阴阳五行及方士之术。民间也需要符咒，于是而有张天师这一类的以符箓为主的宗教。一直到现在，有的政治人物，使用各种方法、方式，爱把他们所说的不三不四的语句，逼着旁人念来念去，正如僧侣们的念经一般，这正是一种符咒运动。他们以为靠这种符咒运动而可以把自己变成是人神之间的怪物，因而发生不可测度的力量。但时代毕竟早已进入到以知识为主的时代了。希望他人中魔的，结果只是证明自己中了魔。现代弄巫术的人，较之古代弄巫术的人，只有显得更愚昧、更卑鄙。

最不幸的是，这种符咒的残余，在大学里面，也会以新的面貌而出现。有的人并不懂逻辑、数学，甚至连英文也没有弄通，却大谈其逻辑实证论、科学方法；于是逻辑、科学方法，便变成了符咒。有的人，根本没有读过一部实存主义中的重要著作，没有读懂一句孔子孟子所说的重要语言，却大讲其实存主义、孔孟哲学；于是实存主义、孔孟哲学，也变成了符咒。有的人，文字写不通顺，素描没有入门，却大写其白日梦的诗和大画其抽象、破布的绘画。于是现代的文学、艺术，更成为符咒。因为是符咒，必然会有符咒的信徒。符咒信徒的特征，是不求了解，不用思考，而只是喊几句连他自己也不知道到底是什么的口号，有如"打倒孔家店"、"全盘西化"、"现代的感触"、"跳跃"之类，便自己恍惚起来，自己觉得已经在他人的头顶上起飞了。这样起飞上去，便永远和知识、学问脱节。

做人、做事、求知，都要在平实中立基础。作为一个大学生，不是要信仰什么、反对什么，而是要知道什么，但这样便不容易出风头。尤其是求知识，要一点一滴地前进，是一个很辛苦的长途旅行。在辛苦的长途旅行中，除了自己感到生命一天充实一天的乐趣外，很难有赫赫之名去轰动社会。因此，落不下心去求知，而又不甘人世寂寞的聪明人，常于不识不知之中，走进符咒的巫术中去，这是一个原因。

另外一个更大的原因，当社会、历史大变动的时期，青年热切地希望对许多人生、社会的问题，有思想性的解释。并且希望自己，除了若干生活有关的技术外，也能成为有思想之人，这是一个好的倾向。但目前台湾在大学里教书的人，对任何学问，最好也只能做到枝节的传授；把一切有思想性的东西，都变成没有思想性的死物，甚至以冥顽的态度排斥思想。学生既不能通过自己所修的课程，以得到他们迫切所需要的思想，于是只好以符咒替代思想了。所以目前这一趋向，是上下两代的共同责任，而上一代的责任负得更大。不过上一代的，都到"以老以死"的时候了；下一代的，只有咬紧牙根，在知识的探索积累中，自己救自己。

一九六六年二月《华侨日报》

按此文乃对某大学学生的讲词。——校后记①

---

① 本校后记系本文收入《徐复观文存》（萧欣义等编，台湾学生书局印行）时所加。

保持人类正常的心理状态

一

人类的灾祸，许多是来自愚昧；医治愚昧的是科学。但更大的灾祸，却是来自心理的变态；心理变态者常常可以利用科学来增加他的罪恶，而科学对他的变态心理，却是无能为力的。眼面前的两大例证，便是希特勒和史达林。

心理变态的主要现象，是对自己能力的过分夸大和幻想，对他人的过分敌视和怀疑。两者互相因缘，以组成一套什么主义或哲学，以号召于低级变态心理者之间，忽然形成某种势力，这便使这种人要按照他由变态心理所形成或所运用的主义、哲学来改造世界，于是世界便受到莫大的灾害。古今中外有能力的暴君，大概都可用这种情形去加以解释。

但在每一个人的人性根源之地，人的心理，却都是正常的。可是我们的文化教育，常常不把中国之所谓人性当作是人类自身的基本条件，而加以忽视或抹煞，甚至在相反的方向去建立教育文化的基点，有如近数十年来弗洛伊德思想的盛行，许多悲剧，便由此而起。

我说在人性根源之地，人的心理本来却是正常的，亦即是本含有人类互爱的爱苗；这不仅是来自我们文化中性善的传统思想，而是在现实社会中也可随时加以证验。

史达林的女儿施华莲纳，若不是受不了由他父亲所加强的极权政治，她便不会离乡背井，在互相敌对的美国求取政治保护。同时，美国人对她父亲的观感，以及对她在政治态度上的期待，她也会清清楚楚的。但她在第一次记者招待会中，一方面指斥了苏联的政治体制，另一方面依然一点也不隐讳地表示她对父亲敬爱之情。更使人注意的是，她由瑞士飞赴美国之前，在苏黎世的报纸，发表了她父亲在一九三五年六月十五日、一九三八年七月七日和一九三九年七月二十二日，先后所给她的三封亲笔信。她父亲——史达林写这三封信的时候，正是在国内实行血腥的整肃，以阴狠残酷的手段，杀自己的同志同胞以千百万计的时候；但在给他女儿的三封信中，却慈祥恺悌，自然地流露出对自己女儿无限的爱心，与一般心理正常的父亲无异。这说明了在人性根源之地，父慈子孝，是一切人类所同，也是一切人类所以能成为人的基本条件；也即是人类的心理，本来是很正常的坚确证据，连史达林也不在例外。

二

但史达林为什么在对自己女儿的时候，流露出正常的心理，而在集中权力，实行独裁的时候，却完全为变态心理所支配呢？

第一，他的女儿施华莲纳，生于一九二六年。史达林给她的第一封信时，她还只十岁；在第三封信时，她还只十四岁。她的环境，使她可以不当"红卫兵"去作斗争他人的工具；换言之，除了父女天性之外，在史达林的下意识中，完全和自己没有政治利害的冲突，所以人性可以自由流露出来。面对着沾染上了政治性的成年人，便成为在他的利与害的计算中的人；为了得利而除害的现实要求，压倒了人性中所含的爱苗，他便一切以斗争清算的手段来对付。史达林的太太，也即是施华莲纳的母亲，不也是被史达林迫得无路可走而自杀的吗？政治上父子相残的事，为古今中外所不免；也说明了一加入到了利害的机毂中，人性便为之变相。

第二，是因为在文化、教育上，忽视了人性根源之地所含的爱苗，而未能加以培养，未能加以扩充，于是把这种爱苗只能拘限在与自己有直接血缘关系以内。这样一来，不仅使一个人的行为，完全受到血缘关系的支配，以有无血缘关系及血缘关系的远近，形成截然不同的对人态度，并且被完全封锁在直接血缘关系之内的爱苗，可以反而成为彻底自私的堡垒；尤其旧社会中在政治上的毒害，多由此而来。宋代程明道、程伊川，常认为根源性的爱苗——他们称为天理——连禽兽也具备。只是人能自觉地加以扩充，而禽兽不能加以扩充。按照二程的观点，可以这样地说：如禽兽能扩充，禽兽也便是人；所以有"义马"、"义犬"这类的记载。人若完全不能扩充，则人也变成了禽兽；所以有大独裁者的出现，及人吃人的社会。中国文化，便在这种地方立定根基，要将"恻隐之心"，加以培养扩充，有如"火之始燃"，"泉之始达"。这用现代的名词来说，是要把本来是正常的心理，培养扩充出来，使每一个人，能成为在正常心理下生活的人。有正常心理的个人，才有合作互助、相安相忘的人与人的正常关系的社会。孟子说："老吾老，以及（推及）人之老；幼吾幼，以及人之幼；天下可运于掌上。"这实在是平凡而伟大的真理。

三

共产主义者的清算斗争，只有在变态心理之下，才能贯彻到底。所以取得了这种领导权的人，常常是有计划地，大规模地，制造群众变态心理；在这里，我们可以了解他们的宣传、组织，为什么常常作出乎常情以外的活动；而最酷烈的，莫过于利用儿童以斗争成年人，促使儿女以斗争自己的父母。他们要用这种方法，去改变人性根源之地的心理正常状态，因而使独裁的体制，得以传之无穷。毛泽东鼓动了三千万以上的儿童去斗争农人工人，压迫刘少奇的两个女儿去斗争刘少奇和王光美；由个人心理的变态，逼使小孩们做出这样的变态行为，这真可以说是"语言道断"。当毛泽东指使下的红卫兵，打电话骗出王光美，说王光美的女儿害了急病，因而将王光美骗到清华大学，加以斗争时，他们何尝不想逼使王光美去斗自己的丈夫——刘少奇，以使解脱自己？但王光美始终不顾自己的生死以保护自己的丈夫，在她身上所闪出的这种女性的光辉，人性的光辉，不是站在天安门上向群众招招手的架势可比拟于万一。

由此可知，培养扩充人性根源之地，使每一个人能成为保持正常心理状态之人，其重要性，决不在科学之下。

一九六七年五月十七日《华侨日报》

略评台省"国文"与"国语"之争

一

台湾省六年小学教育中的"国语",到了初中便称"国文",一向相安无事。近来因为准备实施九年义务教育,把小学和初中,由原来的两个阶段,并合为一个阶段,于是在上述课程方面依然在六年前称为"国语",后三年称为"国文"?还是一律称为"国语"或一律称为"国文"?首先提出此一问题的是师范大学文学院长沙学浚先生,他主张应该统称之为"国文",而将"国语"的名称,借此机会废弃不用。他的文章一出,引出了一连串的反对;反对者举出了许多理由,连篇累牍地在《中央日报》副刊上登载。我看了这些文章以后,觉得大家似乎离开了"文学训诂"上的基本立场,及教学的基本目的,在随意转换语意情形之下,作"以多为胜"的意气之争。

反对沙先生派之所以如此热烈,首先,以为把"国语"改为"国文",即是把白话文改文言文。再由此引申下来,此一名词改变,是反对或减轻了普及国语的运动。若果然是如此,沙先生的主张便站不住脚了。但沙先生的答复,根本没有上述的意见。他只是想作一番"正名"的工作,认为站在"正名"的立场,只能称为"国文"而不应称为"国语"。我现在顺在文字训诂上的正名，及关连到教学内容上的正名来考察此一问题。问题的解决，只在现实上求根据。历史上的根据，对现实而言，有的有意义，有的没有意义，可以不必去管它。

二

就常识性的文字训诂来说，"国语"是"国家的语言"，"国文"是"国家的文字"。语言是用口说出的，文字是用手写出的。"语言"可以简称为"语"，"文字"也可以简称为"文"。一个人，当他独语或对谈的时候，说的是白话，固然是语言，即使满口的之乎者也，依然是语言，因为他是用口说出的。假定他一旦"见之于文字"，则他写的是骈文、古文，固然是文字，而可简称之为"文"。假使写的是白话、土话，依然是文字，也可简称之为"文"。所以初中、高中、大学的"国文"课程中，有的教材是文言文，有的教材是白话文，而皆称之为"文"。台湾《国语日报》出的《古今文选》，里面有古文，有今文。今文都是白话体，但不碍其称为"文选"。何以故？因为都是用手写，再经用纸张印出的"文字"。所以"国语"、"国文"两个名词，根本扯不上文言、白话之争的问题上去。然则以用哪一个名词，较合于正名的原则呢？这便要看所用的教材还是只用唱片或录音机呢？还是用的印在纸上的文字？若是用的印在纸上的文字，或者唱片、录音机上的语言，最后还是要用文字记下来，以便保存，则为什么不可以称为"国文"，而非称为"国语"不可呢？现实上，"文"的一词，可以包括文言文、白话文两种文体，则用一个合于训诂上的常识，而又较有概括性的"国文"一词，我想不出有什么反对的理由。甚至可以说，"国语"一词，是名实不符的名词。

三

许多拼命反对"国文"一词的人，以为当年采用"国语"一词，意在普及国语运动，以加强民族的团结力量。将"国语"改为"国文"，即是放松了一些语言统一工作。这种想法，我觉得有些奇怪。台湾的《国语日报》，专门是为了推行国语所办的报。但它的副刊中也有文言文的教材，它所出的《古今文选》中，选有更多的文言文的材料。若沾上了"文"字，便妨碍了国语运动，则《国语日报》岂不是干了许多违反它原有任务的工作？实则《国语日报》，是以在文字旁边加上注音符号，使读者按照注音符号来念，以实现它的目的，而在小学中训练国语，除了开始一个月专教注音字母，使儿童能应用发音符号以外，其余的主要工作，是靠以标准音来念课本上的文字，及以标准音来解释课本上的文字。念的对象、讲解的对象，既都是印在课本上的"文字"，则称之为"国文"，何以会发生阻碍语言的统一工作呢？

训练说标准国语，这是小学、中学这门课程教学的目的之一。若以为更有"国语"一课，完全以此为唯一的目的，或把它当作主要的目的，那便是一位不很健全的教员。因为这门课的基本而主要的目的，是在使儿童能认识本国的文字，并能运用本国的字。

认识单字，有字音、字形、字义三个因素。以标准音发每一字之音，此即是推行国语。但这在认识一个字的过程中，只占三分之一的分量。进一步认识有组织的字，其内容更非"推行国语"

一端所能限制。说到运用文字，写字、读书、作文，只有靠加上注音符号来达到推行国语的目的，而此目的乃是附加上去的，决非写字、读书、作文的基本目的。这种情形，对用"国语"或用"国文"名词，毫无两样。但用"国语"一词，便抹煞了此一课程的主要意义。用"国文"一词，则名实相符，概括了各方面的意义，必同样可以担当推行国语运动的工作。

还有人认为用"国语"一词，可以表示"言文一致"，而"言文一致"，是文学革命的主要目标。这一点与本问题的讨论，实际上并无关系。并且经过近年来实验性的研究结果，显示写出的文字，可以努力和口语接近，但永远不会"言文一致"的。因为在对话的时候，有语调、表情等，以帮助对方的了解，所以口语总是不太完成的。照口语的原样写下来的文字，是一种不很完全的文字，难使人完全了解，所以必加一番经营修补。否则必是把经营修补的工作，用在开口说话之前。但这只能算是文字的腹稿，而不是自己的语言。这一点，在今日已经成为常识。可是在不很肯用头脑的我国知识分子中，具备这种常识的人太少了。

一九六七年十一月二十四日《华侨日报》

有关台湾的留学政策问题

　　最近教育部正式宣称要修改留学办法，这是早应采取的一项措施。但在这项措施中，据说，大专毕业生，若要出国留学，除服完兵役外，还要在国内服务两年，才可以出国，我则期期以为不可。

　　台湾的大专教育，这些年来，完全成为帮外国储才的教育；学生成绩越好，越与自己的国家社会，毫无关系。所以我们的教育事业，干的是为外国赔钱而又赔人的事业。我常常想，许多人在这块小地方，争权夺利，扰攘不休；却不想到他的一家，在自己的祖国已经没有第二代而断绝了种子，还要争些什么？此一风气之造成，一方面是因为感到在台湾不能生根；另一方面又是攘夺成性，攘夺的范围越小，攘夺的竞争便愈演愈烈。以攘夺来满足自己，更以攘夺来帮助自己的下一代抢快飘浮到外国去。抢得最早的，高中一毕业便走了。其次，则转弯抹角地溜着走。这种影响不断地扩大，于是整个社会，都以自己的子弟的一走为快，一走为荣。我们的留学政策，是在这种情形之下所形成的。这是向外国作无穷无尽的"捐血"政策，说不上是留学政策。所以今日以"楚材楚用"为目的，把过去只在卖弄人情上打转的政策加以修改，可以说是应该作的。

但我为什么对大学毕业生除了服完兵役后，还要在国内服务两年，才能出国的拟议表示反对呢？因为大专毕业后的初期服务，还是在学习尝试的阶段，对国家社会的实质贡献有限，但对于继续深造所需要的基本课程，势必生疏，甚至于荒废，增加出国后的困难。尤其重要的是，据科学史家们的统计，学自然科学者的头脑效能，以三十岁左右发展到最高峰；学社会科学的人，到了三十五岁左右，也发展到最高峰。因此，培养一个科学家，要在年龄与智力的关系上着眼。不能使每一个人在时间上稍稍有点浪费。服完兵役后留在国内服务两年，这是时间的浪费，可以影响到一个人的成就。

　　但拟议中的扩大公费留学生名额，首先要做到公费留学生必须回国服务的这一点，则是非常切合实际的。我愿借此机会，向当局进一言，应当取消或开放中山奖学金的留学办法。中山先生是"国父"，对一切青年而言，都会一律平等看待，为什么此一留学的奖金，只是国民党的党员才有机会呢？并且对国民党而言，应当鼓励自己的党员站在社会上与社会作合理的竞争，以锻炼自己的志气与能力。在温室里培养的花朵，是不能受自然气候的考验的。

　　还有达官贵人的子弟，也有不少在国外读书读得很好的，可不可以由达官贵人先来一个号召，先把自己学业有成就的子弟请回来为国家服务，以移转一下风气呢。

　　要学业有成的青年学人回国服务，并不仅靠修改留学政策即可以收效。青年学人回国以后，须要有就业的条件，更须要有能够继续作研究工作的条件，这便关涉到许多问题须要加以改善。我在这里只提出两点。

谈到就业的问题，首先便须想到各大专学校。今日公立的大专学校及其他学术机构，形成一个一个的小"饭碗圈子"。假定如小饭碗圈子没有人事因缘，没有不会威胁到他人饭碗的保证，则学问上的成功，反成为就业的障碍。至于许多在学生人数上很有规模的私立学校，在教育方面，完全采取揩油主义，只肯廉价聘请兼任教员，增加他们的利润收入。因为聘请青年学人而减少他们的利润收入，他们是决不肯干的。台湾大专教育及一般学术机构的根本危机，主要是来自上述的饭碗主义与揩油主义。这两个主义不能克服，则热心回国服务的青年学人，只是回国来找气呕。

　　容纳学人的最有意义的工作，当然是研究机构。政府自身当然要很切实充实自己所管辖的研究机构，那是不待说的。但各国最大的研究工作，多系出自私人企业。私人企业所拿出的研究经费，也远在政府有关的预算之上。台湾的工业已有了相当的规模。我希望政府应向这一方面多下一番推动、连系的工夫，使企业家负起发展研究工作的责任。如此，则不仅可以开扩青年学人回国作实际贡献的机会，也容易解决他们生活上的问题。外国人在台湾投资，在这一方面更应当多出一分力量。

一九六八年一月四日《华侨日报》

为"报"字给中学生的一封短信

各位中学生：

　　在九月九日《中国时报》第四版《关于〈中国时报〉的"报"字》一文里，知道有不少的中学学生，或以投书，或以电话，向《中国时报》争论"報"字左偏旁"幸"字下面多了一横的问题。我真没有想到中学生中，竟然有不少的人，对于"知识的认定"，抱着这种认真的态度。该文的答复中，只要说明："中国时报"四个字，是由于右任先生所写的《蒋氏慈孝录》中集字而来，便够了。因为我国虽由秦代统一文字的写法（在秦以前，文字的写法或刻法的流动性相当大），西汉在公文上严惩写别字的人，但古今的书家，并不一定是文字学家，有时写了别字，有时兴之所至，多写一笔或少写一笔，欣赏的人，并不去计较，因为大家只从艺术的眼光去看，不从文字学的立场去看。既是"集字"，便只能将原来书家的写法摹写下来，不负文字学上的责任。但虽然不加计较，不仅不能把书家点画上的出入，当作"正体"，也决没有人算作"别体"或"异体"的。《说文》，乃至《康熙字典》，有许多别体异体的字，但有人能找出"报"字左偏旁的"幸"字下面写成三横的"异体"字吗？不仅"报"字是如此，偏旁从"幸"的字，起码有十多个，除了书家之外，能找得出有一个"幸"字下面写上三横的吗？字书乃至一切印刷物，只有段玉裁自出心裁，把下面改成一横，早被许多文字学家所否定了。因此，尽管有多少书家把"幸"字的下面写成三横，无法改变"幸"字下面只能写两横。尽管于右任先生的字写得再好，无法掩饰他对"报"字的写法只能算是误笔。尽管《中国时报》举出了"帝"字在甲骨、金石、大小篆中有多少"异体"，但不能因此改变"报"字并无异体。这是客观事物的认定，与"八股文"这类的帽子毫无关系。并且古今真正有学问的大书家，他可以写有根据的"异体"，绝不会写无根据的误笔。假定考英文的"托福"，一个字多一个字母或少一个字母，还是算对？还是算错呢？

　　我上面所说的常识，相信你们早就有了，因为在你们的"国语"或"国文"的课本中（我一时记不清楚），早有了这样的一课。也正因为如此，所以你们才能头脑清楚地提出此一问题。但怕你们被假装内行，板起面孔来的教训吓住了，所以我便写这一短简给你们。同时为你们的头脑清楚，不曾强不知以为知，而庆幸你们会成为国家社会上一种有用的正派人。

　　　　　　　　　　徐复观启　一九六八年九月九日

　　　　　　　　一九六八年十一月《阳明》第三十五期

教会大学在中国的伟大贡献

　　前年中山文学奖颁给东海大学的一个文化汉奸，事先在校内是严守秘密的。揭晓后好几天，我们才知道这是出于吴校长德耀和顾院长敦鍒的推荐。有一天，我去看吴校长，向他说："梁某是一个文化汉奸，您和顾院长知道得清清楚楚。而他的《文学十家传》又是连起码的水准也没有的东两。这一推荐，我认为是有伤本校校格。"吴校长当时的答复是：他对文学完全不懂，他的推荐，只是当例行公事办理，没有想到其他。这一答复，是可以谅解的。但我再向他补充了一点："抗战时期，美国是我们的盟友；所以本校虽然是由美国教会所创办，但美国朋友也没有理由袒护中国的汉奸。"他当时没有说什么。

　　这位汉奸，当汉奸案公开后，曾经在上课时，一方面对学生宣扬他是站在世界公民的立场来写那篇向敌人应征的文章；并栽诬了我许多话。事后吴校长曾向这位汉奸加以劝说，要他以后不要在课室里向学生讲这些事情。过了些时，吴校长也当面希望我在答复了汉奸的一篇完全说谎的文章以后，不再谈这一问题；我很同情他的立场，所以当下便答应了。

　　但不久，接到吴校长分别写给我和汉奸的一封信。从他的信里，他是很明白地不承认有所谓汉奸问题；于是我在书面上和口头上，向他提出了抗议。不过我一年多也没专为此事写过一篇文章。

去年十二月，汉奸费了一年的时间，写了两本没有发行人，没有印刷地点，只印着三民书局、中央书局经销，但为两书局所拒绝了的违法出版的小册子。小册子的内容是用一贯的、完全的说谎方法，把他的汉奸行为，比之于孔子和马端临；并努力从政治上诬陷我，从人格上诬陷反汉奸的朋友。两小册子印出后，他（汉奸）要他的太太抱送到校内邮政局，每一同人的信箱里都塞上一本。汉奸在上课时，一包一包地抱在课堂内，当堂发给听课的学生。又送一包给校内的一家代办书店，要书店向学生推销。这很明显地，汉奸是把问题带进东海大学内部来，选定东海大学为基本地盘，展开汉奸的反攻运动。我为了维护东海大学，曾以书面及口头，向吴校长提出要求，要他对此事加以调查处理。我的要求很平易：请他召开一次临时校务会议，或座谈会；我和汉奸，心平气和地面对面，我不批评他所说的对不对，而只问他："这一说法，是不是说谎？""那一故事，是不是说谎？"只要把他在小册子中所说的谎，当大家证明出来，便算了事。但被吴校长拒绝。

汉奸在小册子中，曾提到一点说：当一位美国人杀了刘自然，而引起打美国大使馆的事件发生时，我曾在一篇文章中赞扬义和团，并对因打美国大使馆而被政府惩办的分子加以同情。他更不断地找本校校内的外国朋友，说他是如何努力国际合作，而徐某是一个反美国人的义和团分子。他的这一锲而不舍的工作，在若干年轻的美国朋友中，发生了相当的效果。在若干年轻的美国朋友心目中，东海大学，如何会有像徐复观这种"狭义民族主义者"？自从去年十二月以来，东海大学，在精神上，在气氛上，可以说是汉奸的天下。

这里我要补充一点：纽约的联合董事会，从过去大陆十三个教会大学所存基金的利息中，拨出一部分来创办东海大学，这是令人钦佩而感谢的。但我要指出，台中市政府曾捐助了一百四十甲土地；学生的学费收入，也已超过了教会的捐助；这是名符其实的中美合作的一个大学。所以我曾在一次周会的讲话中，勉励我们的学生，要努力自爱，努力爱自己的学校，以达到国际合作的目的。但当联合董事会的调查团所提出的调查报告中，讲到下列两点时，我曾在校务会议上严肃地提出了抗议。第一点，报告中说大陆人和本省人是属于两个不同的民族，是属于两个不同的文化；这完全是政治性的挑拨，我要抗议！第二点，报告中要求教中国文化的人，要负责使所教的学生信仰基督教；此一要求，为什么不向教西洋文化的人提出？并且当牧师的人能不能提供此一保证？我要抗议！我当时的发言，是被学校用录音机录下的。我愿借此告诉汉奸及与汉奸同类的人，我是树了不少的敌人；但从来没有为个人的私利而树了一个真正的敌人。徐复观的敌人的加多，只说明在徐复观的精神中所包含的民族及人类的冤抑、血泪正在扩展。徐复观的人格，是在这种冤抑、血泪中，向上挣扎。拿"敌人多"这种话来打击徐复观，徐复观连哂之以鼻也不屑了。

三月十五日下午三时至四时，吴校长介绍本校的同人和各董事先生见面；我在上述背景之下，作了一次唐突的发言。我现在把当时的发言纪录下来，并加以公开，也算是负责为东海大学在历史中作证。我的理性良心要求我站起，我的理性良心便使我有勇气接受任何结果！

蔡董事长，各位董事先生，吴校长，各位同人：

假定把学校比作工厂，则各位董事先生是老板，我们是工人，校长是工人头子。今天能让我们工人和老板见面，这是东海大学开办以来的第一次，当然是我们最大的光荣。我虽然没有资格向各位致诚恳的欢迎；但为了东海大学的前途，要很冒昧而唐突地，向各位讲几句话：

我不是一个教友，而却加入到东海大学，并非完全是为了个人的饭碗，而是过去大陆上教会大学的伟大贡献，提供了我的信心与希望。

过去大陆上教会大学的贡献很多，我这里只提出一点：当我们对日抗战发生的时候，各教会大学，随着我们的政府及军民，都冒险犯难，迁到物质匮乏的后方，表示与我们敌忾同仇，分担一部分抗战的责任，并激励我们的民心士气。燕京大学及天主教的辅仁大学，虽然依旧在北平，但不仅没有一个人与敌人勾结图利，并且冒着很大的危险，在精神上很坚定地支持抗战；更掩护了地下的重要抗敌分子，形成我们在华北抗敌的两大文化堡垒。因此，燕大校长司徒雷登先生，不仅在中国教会大学的历史中是不朽的；他在中华民族整个争生存的历史中，也是一位不朽的国际朋友。而辅仁大学，在我的印象中，抗战以前，在社会上的地位并不很高；但因它在抗战时期的贡献，战后辅仁大学的地位，可以说是一日千里。这一事实，说明在中国的教会大学，爱中国，爱教会，爱中国国际上的朋友，自然而然地是谐和一致，中间没有丝毫矛盾。这是中国教会大学的光荣传统。

我在上述中国教会大学的光荣传统启示之下，加入到东海大学。所以除了努力于自己的教学与研究工作以外，并追随各同人之后，对于稳定东海大学的若干特殊情势，也尽了不少的力量。举一个简单的例子说，当一位美国人枪杀了刘自然的案子发生后，引起了中国人民的不满；纯洁而热情的东海大学的学生，也有了初步的反应。等到发展到台北打美国大使馆的那一天下午，东大已发生了向外国人吐门水、抛小石头的情形。这一天的夜间，我知道在第二天东海大学的纪念全体大会上，曾校长预定对此要发表演说，表示态度时，我立刻感到这可能会引起意外，增加政府的困难。所以当第二天升旗的时候，我把这种意思告诉当时还是当文学院长的吴先生，希望共同向曾校长进言加以阻止。当时吴先生似乎和曾校长在感情上已经不太好，他当时说："让他（曾校长）去吧！我们不要理他。"我觉得弄出乱子来以后，受损失的不仅是曾校长一人，而且是东海大学和我们的政府；便单独向曾校长进言。曾校长是一位纯正而政治经验不足的学人，当时对我的答复是："我们不表示，人们会骂我们是洋奴。"升完旗后的师生大队，向"临时大礼堂"前进。我又和陈兼善、张佛泉两位先生说明我的看法，希望共同加以阻止。两位都同意了，在临时大礼堂的门口，赶上了曾校长，重申前意，并建议："万一要向学生商谈此事，可以改在下午约各系代表谈. 而不要在大会上讲。"曾校长素来对年纪大点的教授的意见，是相当尊重的；当即接受了我们三人的意见。到了下午，军事机关派人到学校来，宣布戒严，希望学生不要过问此一事情，夜间并许久没有电灯。此一小小事件的经过，也正证明了东海大学，在对国家之爱，对教会之爱，对国家的国际朋友之爱，也是自然而然的谐和一致，中间没有任何矛盾的。

我今天所以要把这种情形向各位先生说出，是因为近年来有一种最坏的人，经常用谎言作挑拨离间的手段，弄得纪纲废弛，是非混乱。我怕因此而忘记了教会大学的光荣传统，迷失了东海大学发展的方向。我应当借此机会向各位先生提醒这一点。假定我的话说错了，希望各位先生加以教正。

我的话说完后，吴校长接着说他记不清楚当时是否说过上述的话；但他在事先也曾劝阻过曾校长。那位汉奸立刻冲到吴校长面前，气蠢蠢地说："我要说话答复。"吴校长告诉他："今天大家到此吃茶，不必再讲什么。"汉奸便一鞠躬说："我听校长的话。"向后回头走了。过了不到一分钟，这位汉奸又冲出来，大声向全场嚷叫着："徐复观不服从国民党的命令啦！要他去当《华侨日报》的主笔他不去啦！各位看到二月份《传记文学》上蒋君章先生的文章没有？看到《作品》上赵友培先生的文章没有？赵先生的文章说，徐复观告诉胡秋原，赵要求封闭四个杂志，是说谎啦！"他向全场嚷叫后，又分别挨到各个人而前，红着脖子愤慨几句，还有两次跑近我的面前对着我骂（大概他是希望打架），直到茶会终场。凡是稍有良知良识的人，怎么会对我上面的话，会引起这么大的愤慨呢？大概他以为东海大学是藏匿汉奸的狐穴，深怕我的巨棒，捣到狐穴中的狐狸身上去了。其实东海大学不可能是像汉奸所一厢情愿的。

蒋君章先生的文章我看过后，曾写了一封长信给他，托由刘绍唐先生转达。过了不久，接到了蒋先生回信，我在邮局当下拆开看了两句，知道是专为骂我而写的，便不再看下去，当时在邮局买了一个信封，写上他的地址退回给蒋先生了。

二月廿二日下午，我和好几位朋友，在台北青年会餐厅里聊天，其中有《作品》的负责人冯放民、林适存两先生。承两位先生把赵友培先生的大文内容告诉了我（当时还在排印中），我当即笑着说："事有凑巧，把赵先生要求封闭四个杂志的情形告诉我的是何南史先生；我只把所听到的写一封信给胡秋原兄，请他警惕。但胡先生把我的信公开了。现在何南史先生在此，不妨请何先生把亲见亲闻的再说一遍。"何先生果然重复了一遍。我很原谅赵先生，他要为汉奸当垫脚石，除了抵赖外，也实无他法。但抵赖说谎，是因为知道自己又脏又臭的本来面目不能见人，所以只好用这种方法来掩饰。但这种掩饰的方法，会更增加其脏臭，也正证明其脏臭，这是值得一般讲求教养的先生们注意的。

一九六九年三月十七日于东海大学宿舍

一九六九年四月《文化旗》第十八期

青年与教育

上下两代之间的问题

一

日本最大报纸之一的《朝日新闻》，在一九六九年十二月卅
一日，刊出了《人向何处去》的社论，以作为一九六九年的总结。
由执笔者用心之深、着眼之远，引起了我对该社论所提出的问题，
不断地作反复的思考。我国过去在广大的社会中，流行着非常通
俗的"人传人，代传代"的观念，这种通俗观念，实际为上、中、
下三等的人们，解答了"人向何处去"的问题，因而使其不成为
问题。即是一切的人们，上对于源远流长的祖宗，下对于绵绵不
绝的子孙，而把人的一切，由上一代传给下一代，每一个人在这
种"人传人，代传代"的观念中，把自己的精神，和过去与未来
连续在一起，由此而得到人生的安慰。但该社论的主要内容，是
指出上一代与下一代之间的关连快要断绝了，上下代之间，传不
下去。于是上一代所面对的乃是悬崖绝壁下的死谷，这自然要发
生"人向何处去"的严重而深刻的感慨。

该社论先简单叙述了去年东京大学安田讲堂的学生与警察的
攻防战，及十二月二十七日选举的投票率在大都市中显得特别低，
而慨叹一九六九年，是日本"在历史上获得红利最高的一年"，但

当迎接七〇年的这一新的年度时，"谁也不知道明天会发生什么。不安的暗影，盘结在任何人的胸中"。"年轻的一代，有否定从大学开始的一切权威、一切既成价值之感。""父辈的多数人，安住在旧来的体制与价值观的世界之中……突然遇到想都没有想过的问题，只有退缩、狼狈。连与年轻人对谈也做不到，更说不上指出他们理论的缺点。""通过这一年的学校纷乱，是现代世相的一个象征。一方有欲望不满，误用精力的年轻一代。另一方面，则有被玩弄于时代的波浪，疲乏不堪，停止思考，放弃了使下代继承自己的体验的努力，对生活完全失掉了信心的上一代……否定与混迷，直接连结到便宜的绝望与逃避。这样的社会，恐怕只有走向灭亡之路。"

二

该社论的执笔者，对挽救上述的危机，也提出了宝贵的意见。第一，他认为"最重要的是有坦率认识现体制中所含的不合理或矛盾，而加以匡正的勇气"。第二，不要随便说"这是断绝的时代"，而"应承认各个世代的美点。大人应被年轻人的锐敏的感性所触发，自拔于日常性的泥淖之中。年轻人应学习大人的理性，以开扩自己的视野。……除此以外，大概不能产生社会的进步"。

但问题是在于合理与不合理，上下两代之间，是否能得出相同的标准，使上一代匡正的勇气，能为下一代所承认。而感性与理性的本身，是否系分属于上下两代以形成互相交换流通的媒介。当一群青年挥舞着棒子，抛掷着火焰瓶，不惜拼一个你死我活的当中，正因为相信自己掌握了最高的理性，否定上一代口中所说

青年与教育

的理性。所以该社论执笔者所提出的解决之道本不失为由苦心孤诣而出的简捷易行之道。但若进一步去追索时，依然有点像我国民间老鼠为了防备猫的侵袭，而主张在猫的颈上系一串响铃的故事一样，提到谁个能在猫颈上去系响铃时，依然会把问题带回到一筹莫展。

在上下代对立中，固然含有阶级对立的成分或阶级对立的若干背景。但一般地说，也未尝不可以称这为"非阶级性的对立"。这种对立的形成可能有一部分原因是来自人与人在精神上的连带感的稀薄乃至丧失，各个人只是由机械与物质享受而系绑在一起，大都市中的上一代，有如堆积在一起的沙砾，于是下一代向上一代望去，发现不出"人的社会"，因而喊出"失落"、"疏外"、"陌生人"的呼声，更因而对束约在机械，沉迷在享受，除了一具食色的皮囊之外，再无所有的上一代，而举起叛逆之旗，无宁是当然之事。假定说现代的人们，也有精神上的要求，便是要求由新奇而来的官能上的刺激。只问新奇，不问意味，把由技术所推动的物品变化，应用到人自身上来，这是以美国为首的现代文化的特色之一。此一特色，先表现在艺术文学上面，由是而有达达主义、超现实主义、破布主义等等。这可以说是艺术文学的"恶质化"。从艺术文学迫进到人自身生活形式之上，自然也要求以变化创造新奇。穿衣服太寻常了，于是由奇装异服而至挤在几十万的滚石乐的听众中，赤身露体地行进，以赢得陌生人惊奇的一眼，作为精神上的满足。暗地里通奸太寻常了，于是站在十字街头，狂呼怒吼地贩卖"通奸万岁"的小册子，以赢得报纸上的照片和新闻报导，作为精神上的满足。这可以说是现实人生的恶质化。游戏是出于人生精力的旺盛，且与艺术相通。下一代的游戏精神，远较上一代的为强烈。既有恶质化的艺术，有恶质化的人生，当然下一代也有恶质化的游戏。在好勇斗狠的学生群中，正包含有恶质化的游戏成分在里面。由此可知上下代之间的问题，是整个以美国为首的现代文化的性格问题，直截地说，正如扬子云所说的"由于情欲，入自禽门"的文化自身的问题，不是简单可以收拾得了的。

三

在比较有自由的中国地区，上下代的对立情形，没有像美国、日本等国家的显著，这一方面是因为中国传统文化，尚在家庭中占有某程度的势力，上下代在情感上的关连，较西化的家庭，似乎稍为密切。而物欲诱惑的力量，也似乎没有工业先进国家的强大。但我们应当承认，上下代间关系的比较稳定，无疑地，还含有落后的意义在里面。大家应当想到，落后国家的工人运动，远不及西方先进国家的蓬勃，而共党革命，则在落后国家成功的机会，却较先进国家的机会为大，而且经过的历程形式，也会比较残酷。这说明落后国家上层社会对下层社会所采用的手段，较先进国家更为黑暗，所以上层社会便受到加倍的报复。这一点，可以引起上下代之间的问题的反省。

我上面指出，靠仅上一代的理性，不能说服下一代，不能解决上下代的对立问题。但落后地区，在教育上对下一代直接负责的上一代，就我的观察所及，几乎缺乏理性，而只有在争权夺利的经历中，积累着吹骗奸狡的一套技巧。于是多数的上一代，为了满足自己在政治、经济、信仰、文化上的横决无理的欲望，便常用自己吹骗奸狡的技巧把下一代变成自己的工具。换言之即是存心牺牲下一代来增加上一代的罪恶。长此下去，上下代间的表面稳定情形，未尝不会于一夜之间，变成不可测度的后果。司马迁在《史记》中，常常流露出因果报应的观念，《汉书》、《后汉书》，也受其影响。这并非出于宗教的迷信，而是通过历史之流中所发现的人类行为所应有的反应。因此，我恳切希望上一代的人，不能为了自己便对下一代作政治、经济、信仰、学术上的诈欺，而应诚心诚意地为下一代着想，忠实于下一代。我们纵然因丧乱频仍，对下一代不能发挥精博的知识理性，但并不难发挥出崇高的道德理性。

一九七〇年一月廿三日《华侨日报》

香港的高等教育问题

香港的高等教育，无疑地是以香港大学及中文大学为代表。香港大学有它的辉煌历史。中文大学内的三院，各有它的创建精神，及成立联合大学的任务。香港有这两个大学，是香港居民的光荣，是香港各方面发展的柱石，这是值得香港政府引以自傲的，但仅此，并不能说香港的高等教育便没有问题。

一

首先，香港高等教育问题是表现在"量"的上面，即是许多纳税人的优秀子弟，没有机会进入这两个大学接受高等教育。最奇怪的现象，是许多优秀青年，已经在入学考试中及格，并且被学校正式承认了，但因为名额已满，依然摒之于校门之外。所谓名额，该个大学合起来在校的总名额，不过五千人左右。每年录取的新生名额，大概合起来只有一千多一个。于是迫使香港有志气的青年，不能不远投澳洲、英伦、加拿大、日本、台湾等地去接受大学教育。当然，更多的青年，因此而失掉了受高等教育的机会。

此种不合理的现象的形成，我们不必作过于深刻的分析，而只认为大约来自两种原因。一种是受到英国传统高等教育观念的束缚。英国的高等教育，是在贵族社会基础上建立起来的。英国的大学，纵然不是专为教育贵族子弟而设，但总不能脱离贵族社会的气氛，无形中，认为只有属于"理想国"中的金、银两种属性的人，才可以进大学，属于铜、铁两种属性的人，便不应进大学。所以英国对大学的设立及大学所收容的人数，都采取非常精而约的方针。恰好因英伦三岛的特殊地理环境，使民主、科学、工业革命三大近代动力，都在英伦三岛顺利地发生、发展，走在人类近代文化的先头，于是明而精的牛津、剑桥两大学，有如精炼严整的一枝军队，不断创造出辉煌的战果。但历史进展的大方向，总是要把在少数人手上的东西，向大多数人身上开放，大学教育也不例外。尤其在第二次大战以后，英国的教育家们，也感到大学设立的方针及大学收容的人数，若不大量放宽，便不能适应时代的需求，也不能加深社会的科学基础。因此，英国传统的高等教育观念已经转变了，香港更没有墨守成规的必要。

二

第二种原因，有些人认为大学毕业生太多了，谋职不易，会影响到社会的安定。这一观点，应从各方面来加以讨论。首先应提出来讨论的，人人都要有职业，大学生更要有职业。但大学生的职业上的阶级观念，已逐渐影响了，也不限于由政府负责去分派。政府分派职业，只能是职业中的补助手段。随社会的进步，这种补助手段，会相对地减少，因为最多的职业是藏在社会的各个方面，政府反而无从过问的。主要的问题乃在于社会的进步。

在某种年代，公民的主要构成分子是小学毕业生，有如普法战争时代；若干年后，其主要构成分子，可以进而为中学毕业生；再若干年后，更可以进而为大学毕业生。第一次、第二次两次大战中，士兵的教育程度，若稍加以分析，便不难发现与普法战争时代，大不相同。此种公民教育程度，不断地提高，还会推动社会全般的向上，乃至各种职业性格自身的改变。即是，大学毕业生不必与某些特定职业，有必然的、直接的关系。我一九六七年在这里教过的研究生，或认识的研究生，此次偶然相遇，有的教中学，有的教小学，有的在工商业中当职员，并没有想到什么不自然，而且也没有人以做这研究或研究院为白费。何况大学毕业生？

三

第二点应提出讨论的是，在外地受完大学教育而回到香港服务的人数，大概远超过了香港大学、中文大学毕业后在香港服务的人数。这批在外地，尤其是在台湾，受完大学教育，回到香港来的青年，香港政府在特殊法理上不承认他们的资格，但社会却在事实需要上得到他们的贡献。这一事实，可以说明：（一）香港所需要的大学毕业生，实较现有两大学所能提供的数量为大。（二）这批在外地受完大学教育，回到香港都受到不应当有的委曲的大学毕业生，不仅没有引起社会的不安，并且对香港的发展实力有很大的贡献。则如就职与社会安定问题，压低大学收容量的理由，是完全不能成立的。

香港的四百万人口，几乎可说完全是"都市人口"。都市人口的特色，因生活物质条件较农村为高，所以由生活而来的常识较

青年与教育

农村为丰富。因集体生活在一小的地域之内，有意无意地经验交换的机会，也远较农村为容易而频繁。因之，都市的青年，更易于接受大学教育，也更需要接受大学教育以适应都市的要求。目前的两个大学，若内部稍加调整，则文科、法科的学生，增加一倍，理科、工科学生增加四分之一或三分之一，这是目前便可以做到的。再在这基础之上，将设备逐步扩充，以容纳更多的优秀青年，以符合纳税人对自己子弟的愿望，就今日香港的税源和行政效率，都是轻而易举的。所以目前与其减缩大学的经费，不如要求两大学向扩大收容学生的方针去运用它们的经费。

一九七〇年四月七日《华侨日报》

再谈香港的高等教育问题

在我上次谈香港大学教育问题的文章中，主要是希望香港两间官立大学，在收容学生方面，应当向广大的优秀青年开放。可以说，是从数量方面来谈大学教育。现在稍稍进一步，想从态度方面来谈大学教育，即是办大学教育的人，到底对大学是抱着一种什么态度。因为态度的不同，对制度的建立、运用，常常发生不同的作用与影响。

落后地区特色之一，是政治势力压倒一切，因而人对政治的欲望，也常压倒其他方面的欲望。政治欲望的特性，是个人权力欲望的伸张，把摆在眼面前的一切人与物，都化为伸张个人权力欲望的工具。假定抱定这种态度来的大学，则不仅一切教职员都要工具化，所有的学生，当然因为个人的权力欲望而更工具化。这是除了自己糟蹋了自己的一代，还不满足之外，更把下一代也拉来补填自己的垃圾堆。这种"绝代"的大学教育态度，在东方的落后地区，可以举出不少的例证。但香港则尚不至此，所以对这种办大学教育的态度，应当放置于论题之外。

但是，假定香港负大学教育责任的人，在态度上都是为了学生，为了下一代，但依然会引起一个微妙的问题；即是，到底把下一代的青年，是作为"中国人"而加以教育，还是作为"非中国人"而加以教育呢？这是应当正视现实，稍作具体分析的问题。

香港是英国的殖民地，所以从政治上说，香港的青年是"非中国人"。但不仅从民族说，从历史说，从语言说，从社会生活习惯说，香港的青年是道地的中国人，并且从经济说，离开了广东、福建的经济关系，离开了有关的其他中国人的经济活动，便没有香港经济的生存余地。可以说，政治、经济、民族、历史、语言、社会生活习惯，是决定人的属性的六大因素；在这六大因素中，香港的青年，有六分之一是"非中国的"，有六分之五却是中国的。至于这一代的青年到了成年时代，国际的大势又是怎样的演变，此时不必多作推论。因此，当我看到一个青年写的一篇文章中说"我们是香港人，同时也就是中国人"的话时，使我非常感动。由此我可以断言，香港的大学教育，应当是培养香港青年能适应中国人的需要，并能在中国社会中生活而且发生作用的教育。

举一个例子来说吧，在学术上，在商业往来上，我们应重视中国以外的语文。但外国语文的比重，不可能，也不应当，安放在中国语文的上位。而在中国人与中国人的集会中，大家矜心着意地以外国语言作唯一的交通媒介，这并不能代表什么学术与身份，而只是无形的一种"非中国人"的意识的流露。因为二十年来的大变故，使若干中国人形成"非中国人"的意识，是情有可原的。但若把自己"非中国人"的意识，用各种方式，强加之于下一代的青年，便值得慎重考虑了。

香港大学教育的另一微妙问题，是两间官立大学在制度上并不相同的问题。香港大学的制度，一开始是统一集中，而中文大学则是联邦分权。这两种制度的不同，乃来自两大学得以成立的特殊历史。假定借用前清的科举制度来加以比喻性的说明，则香港大学是"钦赐翰林"，而中文大学是"钦点翰林"。钦赐翰林是来自皇恩浩荡，钦点翰林则是来自十载寒窗。各有根源，各有意义，彼此既无上下之分，亦无可以相掩之理。

中文大学的三个书院，除了崇基是由美国教会适应此间教育活动所建立起来的以外，新亚、联合，都是若干人士，以一手一足之劳，得到社会的支持，向社会生根，而一步一步地发展起来的。这些人所以这样做，当然有他们的愿望、理想。少数的人的愿望、理想，所以能得到一点结果，必定是社会上也有不少的人，抱有同样的愿望、理想，这便形成各书院的精神、特性。这种精神、特性，在发展中而扩大，在扩大中而互相融合，所以终于会得到自然的统一。这是各有特性的统一，所以也是最丰富而有内容的统一。假定把负行政最高责任的人，比作军事中的统帅，则香港大学的最高负责人是一国之内的统帅，而中文大学则是国际联军统帅。国际联军统帅的最大责任与能力，是表现在把握各国军队的特性与能力，而赋与以适切的任务，使能各尽所长。假若这位统帅，要按照自己的构想重新铸造，结果会不言而喻，一败涂地的。

香港除了香港大学以外，居然能从社会上生长出几个像样的书院，这说明香港社会，是一个有创造力的社会。教育生根于社会，这是教育发展的正确方向。香港政府对好的书院，居然肯给以官立大学的地位和待遇，以成立中文大学，这是香港政府对教育的重视、对社会的重视，表现出他们的开明与智慧。从中文大学中抽掉各书院原来的愿望、理想，因而抹煞这种愿望、理想所反映出的社会意义，我想，这不会是健全的态度，也是不会为中文大学的当局所采择的。

一九七〇年五月三日《华侨日报》

我的若干断想

兹当此书发行三版补编之际，以下面曾经在《人物与思想》上刊出过的一文，作为代序。

一九七三年十一月十五日

香港"现代研究辅导中心"，把我写的各书里面提到方法的文字，抽出来汇印在一起，以为可供青年人治学的参考，并要我再写几句话在前面，这是非常使我感愧的一件事。我年来所作的是有关中国思想史这一方面的工作，这里只能补充若干片断的感想。

我国过去，常有借古人几句话来讲自己的哲学思想的，一直到熊十力先生的体大思精的《新唯识论》，还未脱此窠臼。所以他曾告诉我："文字借自古人，内容则是出自我自己的创造。"所以《新唯识论》只能视为熊先生个人的哲学，不能当作中国哲学思想史的典据。但在今日，我主张个人的哲学思想，和研究古人的哲学思想史，应完全分开。可以用自己的哲学思想去衡断古人的哲学思想；但万不可将古人的思想，涂上自己的哲学。

可是，上述的简单要求，并不容易达到。我们了解古人，仅能凭借古人直接留下来的文字。朱元晦读书的精细，及态度的客观，只要看过《朱子读书法》的人，便不能不加以承认。但当他费最大精力注释《孟子》时，对《孟子》中言心言性的地方，几乎无不颠倒；因为他自己有一套理气的哲学横在胸中，不知不觉地便用了上去。这里便遇着一个难题，没有哲学修养，如何能了解古人的哲学思想？有了哲学修养，便会形成自己的哲学，便容易把自己的哲学与古人的思想作某种程度的换位。在这种地方，就要求治中国哲学思想史的人，有由省察而来的自制力。对古人的思想，只能在文字的把握上立基，而不可先在自己的哲学思辨上立基。孔子自谓"夏礼吾能言之"、"殷礼吾能言之"，所谓"能言"乃由周礼上推，以言其"礼意"，但因"文献不足"，他终于不言。我读《论语》，常常是在他生命的转化中所自然流露出的"平凡中的伟大"的语言上受到感动。西方一套一套的形而上学，面对着孔子由生命转化中所流露出的语默云为，我不感到有多大意义。上面引的乃其一例。

治学最重要的资本是思考力，而我国一般知识分子所最缺乏的正是思考力，亦即是缺乏在分析综合中的辨别推理能力，连许多主张西化的人也不例外。思考力的培养，读西方哲学家的著作，较之纯读线装书，得来比较容易。我常常想，自己的头脑好比是一把刀，西方哲人的著作好比是一块砥石，我们是要拿在西方的砥石上磨快了的刀来分解我国思想史的材料，顺着材料中的条理来构成系统，但并不要搭上西方某种哲学的架子来安排我们的材料。我们与西方的比较研究，是两种不同的剧场、两种不同的演出相互间的比较研究，而不是我们穿上西方舞台的服装，用上他们的道具的比较研究。我们中国哲学思想有无世界的意义，有无现代的价值，是要深入到现代世界实际所遭遇到的各种问题中去加以衡量，而不是要在西方的哲学著作中去加以衡量。面对时代的巨变，西方玄学式的，与现实游离得太远的哲学思想，正受着严重的考验。我们"简易"的哲学思想，是要求从生命、生活中深透进去，作重新的发现，是否要假借西方玄学式的哲学架子以自重，我非常怀疑。我们在能与西方相通的地方，可以证人心之所同；我们与西方相异的地方，或可以补西方文化之所缺。这也和我们要吸收西方所有，而为我们所没有的，以补我们之所缺，是同样的道理。做学问，只能求之于自己学术良心之所安，而不必先问西方人的能否接受；因为接受不接受，是西方人的事情。孔子说："古之学者为己（为了充实自己），今之学者为人（做给他人看）。"今人治学的精神状态，"为人"的成分太多了。

　　谈到方法问题，大体上说，是出自治学历程中所蓄积的经验的反省。由反省所集结出的方法，又可以导引治学中的操作过程。没有适当的方法，很难得出有意义的结论。但悬空地谈方法，可以简括成几句话。可是知道了简括的几句话，并不能发生什么真正作用。方法的真正作用，乃发生于诚挚的治学精神与勤勉的治学工作之中。方法的效果，是与治学的功力成正比例。面对学问的自身而言，我还是一个幼稚园的学生，这便局限了我所提到的方法问题的价值。但我所提到的，虽各有根源，而我对它的把握，则是来自治学过程中的触发和领悟，而不是出于抄袭、悬拟，这一点，或者勉强可以对答"现代研究辅导中心"的盛意。

一九七一年一月三日于九龙寓所

一九七一年一月十五日《人物与思想》第四十六期

香港中文大学的国文试题

因为偶然的机会，看到香港中文大学今年新生入学考试的国文试题，使我发生很多感慨。其中有一道题是："据朱自清说，中国传统的文学标准是甚么？在历代文学变化中，尺度有甚么伸缩？"这个题目，是根据现代教育研究社有限公司出版的《大学预科国文》下册所选朱自清的《文学的标准与尺度》而出的。朱自清的小品文，清顺可喜，但他在学问上的成就，则极为有限。尤其是他这一篇文章，乃在清顺的外衣里，包上一堆糊涂混乱的东西。我真不了解，选的人是怎样地选？教的人是如何去教？而出题的人又怎会出到它的名下？朱文开端说：

> 我们说"标准"，有两个意思。一是不自觉的，一是自觉的。不自觉的是我们接受的传统的种种标准。我们应用这些标准衡量种种事物种种人，但是对这些标准本身并不怀疑，并不衡量，只照样接受下来，作为生活的方便。自觉的是我们修正了的传统的种种标准，以及采用的外来的种种标准。这种种自觉的标准，在开始出现的时候大概多少经过我们的衡量，而这种衡量是配合着新生活的需要的。本文只称不自觉的种种标准为"标准"，改称种种自觉的标

准为"尺度"。……标准原也离不了尺度，但尺度似乎不像标准那样固定。近来常说"放宽尺度"，既然可以"放宽"，就不是固定的了。……在道德方面在学术方面如此，在文学方面也如此。

朱上面一段话，是包括了整个的行为规范（道德）及知识对错（学问）的一切问题。有不自觉的生活习惯，找不出全无自觉而可称为道德。有不自觉的随声附和，找不出全无自觉而可称为学术。把道德、学术、文学上的整个内容，概括在标准、尺度两个名词之内，这是中国文化中建立的名词，还是从西方文化中建立的名词？能不能在中西有关学术著作中提出这两个名词的根据。尤其是在中西文学的理论批评中，能找出这两个名词的踪影吗？"标准"一词，何以会表示不自觉？而"尺度"一词，何以会表示自觉？若因为"近来常说'放宽尺度'"而就"不是固定的了"，因而可称为是自觉的，则既然"不是固定的"，为甚么又可以称为"尺度"？并且近来不也常说"降低标准"、"放宽标准"吗？"放宽"、"不固定"等，就可解释为自觉的吗？一个同流合污、随俗浮沉的人，岂不是有最高自觉的人？"采用外来的种种标准"，就能说是自觉？则十里洋场上的摩登士女，起居衣着，尽可能地采用外来的种种标准，这都是有自觉的人吗？"生活的方便"和"生活的需要"，有甚么界域，而可称一种是出于不自觉的，一种是出于自觉的？"香港为了交通而需要地下铁路"，这句话上半是出于不自觉而下半是出于自觉吗？

朱自清下面的话说上了题：

中国传统的文学以诗文为正宗，大多数出于士大夫之手。士大夫配合君主掌握着政权。做了官是大夫，没有做官是士，士是候补的大夫。君主、士大夫合为一个封建集团，他们的利害是共同的。这个集团的传统的文学标准，大概可用"儒雅风流"一语来代表。载道或言志的文学以"儒雅"为标准，缘情与隐逸的文学以"风流"为标准。有的人"达则兼济（应作'善'）天下，穷则独善其身"，表现这种情志的是载道或言志。这个得有"正其谊不谋其利，明其道不计其功"的抱负，得有"怨而不怒"、"温柔敦厚"的涵养，得用"镕经铸史"、"含英咀华"的语言，这就是"儒雅"的标准。有的人纵情于醇酒妇人，或寄情于田园山水，表现这种种情志的缘情或隐逸之风。这个得有"妙赏"、"深情"和"玄心"，也得用"含英咀华"的语言，这就是"风流"的标准。

注者以"儒雅风流"，出于杜工部"风流儒雅是吾师"的一句诗。杜甫这句诗是咏宋玉的，朱氏把传统文学分为儒雅与风流两大派，果如此，是杜甫以宋玉为中国文学两大派的共同祖宗，后来的文学，皆由宋玉开出，这是杜甫诗的原意吗？这是中国文学史的真实吗？假定这句诗的原意不是如此，则朱氏根据甚么来用这四个字作中国文学的总批评呢？

注者引《辞源》"气度雍容，学问湛义之貌"来解释"儒雅"，而将"之貌"改为"之义"，改得莫名其妙。西汉时用"儒雅"一辞有两义：一、儒雅即等于儒术，《汉书·王章传》"张敞……缘饰儒雅"，《魏志·李典传》"典好学问，贵儒雅"者是。另一，指有儒学修养之人，《辞源》引《书序》"旁求儒雅"，《汉书·公孙弘传》"儒雅则公孙弘、董仲舒"者是。

至于"风流"二字，由《孟子》的"流风"二字而来，指的是流传下来的教化影响。至魏晋演变而为洒脱超逸的生活态度，及表现在外形上的风姿。再演变而为男女之间的事。杜甫用的是魏晋时代所流行的意义。《诗品》的"不著一字，尽得风流"，指的是事物的风姿、面目。杜甫把它和"风流"二字连用，则指的是有儒家教养的仪态、风度或风姿，《辞源》用"之貌"的"貌"字是对的。

文章分类分派，有以题材为准据的，有以文体（风格）为准据的，有以时代为准据的，有以思想（内容）为准据的。朱自清把传统文学分为儒雅与风流两大派，而以儒雅为载道言志的文学，好像是以内容作准据，儒雅的文学，指的即是从儒术出来的文学。若是如此，则为甚么不径用《文心雕龙·体性》篇的"典雅"，或干脆说"以儒家思想为内容的文学"，而编"儒雅"一辞，又不稍加界定呢？

以"儒雅"一词代表传统文学中的一大派别，既不是来自古典，又不通于时俗。不能扣紧名与实的关系，使读者能由名以求实。"风流"一辞的使用，更为暧昧。

尤其可笑的是，朱自清还不了解《诗》言志"的"志"，指的实际是情。朱在上面的一段话中，就有两处"情志"连用。但他把"《诗》言志"的"言志"与"载道"连在一起，列入儒雅一派，而将"缘情"列在风流一派，把"缘情"与"言志"对立起来。他说：

青年与教育

即如《诗》本是"言志"的，陆机却说"《诗》缘情而绮靡"。"言志"其实就是"载道"，与"缘情"大不相同。陆机实在是用了新的尺度。

这样一来，《诗》三百〇五篇，皆是载道之文，而非言情之作。言情之诗，是由陆机前后开始的。这简直太没有常识了。并且他若懂得陆机的那句话，便会懂得"缘情"两字，不能作为一个有说明性的名词使用。比这句还容易了解的古人的话，朱氏引用在他的文章中，便都成为莫名其妙的话。他并不能真正阅读古典。

并且照朱氏的说法，传统文学，都是政治封建集团中的士大夫，为了政治的共同利益而作的。既是如此，为甚么这些人写文章，还以"穷则独善其身"、"正其义不谋其利"等为必须的条件？为甚么还有"隐逸的文学"？全篇皆是糊涂混乱的一堆话，此处不能多加清理，把这种文章拿来作考题之用，真是"糊涂官打糊涂百姓"。糊涂打人的人没有关系，糊涂被打的人未免太冤枉了。

一九七二年五月十六日至十八日《明报·集思录》，署名王世高

《吕氏春秋》中的"师道"
——为壬子教师节作

一

以孔子诞辰为教师节，实在把教师的地位抬得够高了，同时对教师激励的意义也够深切了。"师"原来只是一种官吏的名称，或者是武装组织的名称。"师"字逐渐演变而成为社会中担负教育责任者的称呼，这只有在贵族阶级已开始崩溃，贵族手上所掌握的知识、资料，随一部分贵族坠落为平民，向社会传播，才慢慢形成的。其时期，应当始于春秋的中叶，在孔子出生以前。但因孔子伟大的人格与伟大的求知精神，使当时开始有文化意识的社会新兴分子，感到"天将以夫子为木铎"，等于承认孔子是由天所命定的人类伟大的教师，而平民中师的地位乃得大大的提高，并加以确定。因而在政治系统之外，另树立了一个以人格、知识为中心的教化系统，使人类的命运，不至完全掌握在以权势为基础的政治者的手上，而分一部分到以理性为基础的教育者的手上，让社会平民大众得到由人格、知识而来的自立之道。这表明了中国历史进步的巨大的里程碑，给我们民族的生存、发展以一种永恒性的保证，是可以断言的。

但孔子不鼓励人以师自居，也不赞成把事师的心理固定化；所以他说"人之患，在好为人师"，又说"三人行，必有我师焉。择其善者从之，不善者改之"。"好为人师"，是对自己成就的陶醉，同时系对他人想作精神上的凌越。事师心理的固定化，即会成为由倚赖而自我限制。这都是孔子所不取。孟子强调一个人由自觉而"自得师"，所以也不太强调师道。但到了战国末期的荀子，承百家腾跃之后，特别强调尊师的意义。《吕氏春秋》的作者，一方面受到荀子的影响，同时看到政治上一人专制的形势已经形成，更特别强调尊师以希望发生一点制衡作用。

二

《吕氏春秋》卷四的《劝学》、《尊师》、《诬徒》三篇，都是以"师"为中心而立说的。在《劝学》篇中，强调"圣人生于疾（力）学"，而"疾学在于尊师"。对师的条件却有明显的规定，他们说，"故为师之道，在于胜理，在于行义。理胜义立，则位尊矣"。"胜理"，是通达天下之理而加以担当的意思，这是知识上的成就。行义，是实行应当做的事情，从《尊师》篇"义之大者莫大于利人"的话看，即是努力于多数人的利益的事，这是人格上的证明。由此可以了解，尊师乃是尊敬由师所代表的知识与人格，而决非尊敬师的空洞头衔。

《尊师》篇主要是针对当时的统治者来说的。每一统治者，都是把权力当作知识、人格，觉得自己掌握了至高无上的权力，即掌握了至高无上的知识与人格，而高踞于一切人之上，自然要求人民"以吏为师"，而吏则一切以他的意志为法。吕不韦的门客们针对这些情形，便引了十圣六贤的十六个像样子的统治者，而认为"未有不尊师者也"，并且强调"天子入太学祭先圣，则齿尝为师者弗臣，所以见敬学与尊师也"。这里是说师的地位，乃在政治权力结构的君臣关系之外，亦即是不让学术文化受到政治权力的抑压与扰乱，因而使政治权力，能在合理的轨道上运行。

三

但其中最有现代意义的，则是《诬徒》篇。诬徒，是利用师的名义去诬诬学徒，《吕氏春秋》的作者，认为这是最可耻的行为，特引以为大戒。他们提出了师生合理的关系是"师徒同体"，即是老师与学生，应当融合得好像是一个人的身体一样，要如此，便须在教学上，能"使弟子安焉乐焉，休焉游焉，肃焉严焉"，如此，则弟子愿与师相亲而乐于所学。"为之而乐矣，奚待贤者，虽不肖者犹若劝之。为之而苦矣，奚待不肖者，虽贤者犹不能久。"他们反对以强制的方法使弟子受教，而必须让弟子在如坐春风中受教。这不仅是教学法的问题，而主要是为师者的人格熏陶感召问题。我们精读《论语》，可以发现孔子了解每一个学生的个性，学生也注意到孔子的一言一行，而问难之间，真诚款曲，敬爱交融，真是所谓"师徒同体"。

《吕氏春秋》的作者们，更指出"不能政者"运用权术以诬诳学生的情形是："志气不和，取舍数变。……言谈日易，以恣自行。失之在己，不肯自非。愎过自用，不可证移。见权势及富厚者，不论其材……阿而诏之，若恐弗及。弟子……闻识疏达，就学敏疾，本业几终者，则从而抑之，难而悬之，妒而恶之"。因当时还没有官立学校，教师的报酬来自学生，所以教师中的败类，便专捧有钱有势的学生，而打击有成就的学生，以猎取私利，并掩盖自己的大言壮语，而实则一文（此处指学术性的文章而言）不名的丑态。

及官立学校出现，教师的利害，已与学生无关，而决定于行政主管的校长。这种无耻败类，便活学活用上述诬徒的方法，以妾妇之心，去逢迎校长。以校长的耳目自任，变乱是非，媾陷良善，以便从校长的手上取得不正当的利益。校长一变动，钻营的对象也立刻改变。钻营校长的路走穷了，便出卖到政治方面，希望由政治的权力来维护自己的特殊利益。这种人沦肌浃髓，都是妾妇之行，却在学生面前装腔作势，大言不惭地要学生恭维他有学问。诬诳至此，世运已穷，只好看将来的新局了。

一九七二年九月廿八日《华侨日报》

大学教育的难题

一

大学，是"人的实验室"，是"社会的实验室"，科学、技术的实验室，是把根据若干原理原则所成立的假设，通过所选定的条件，及计划的操作，以证明某一假设是否能成立。如不能成立，此一假设便被消除；如能成立，则作为一种确定的事实，向社会有关的方面推广，因而提高科学、技术的水准，促进科学、技术的进步。

西汉末年的扬雄，说明教育的意义是"铸人"，并以孔子曾铸颜渊，作为后人的实例。这就今日的教育情形说，由幼稚园而小学，而中学，而大学，可以看作是人的深造的历程。大学应当是此一历程的完成阶段，所以大学教育的基本任务，是根据传统的，以及时代的若干信念——包括人格、知识、技能的若干信念，铸造成信念的担当者，使成为较之"自然"以及"被社会污染了的人"，更为近于理想要求的人。由一批一批的近于理想的人，走进社会中去，以提高社会的水准，促进社会的进步。这和科学、技术，由实验室推向社会的情形，非常相似，所以我便称之为"人的实验室"。大学本身，即是一种社会结构。但这种结构，也应当是实现教育理念的结构，所以大学的社会结构，针对一般社会而言，也可以称为"社会的实验室"。

但人的实验室，和科学、技术的实验室，有最大不同之点。科学、技术的实验室，是以仪器为主体，人的操作，须完全客观化于仪器活动之中。人的实验室，是以教师为主体，书本上的知识，传统与时代的信念，实际是随教师为移转。所以教师才是人的实验室的成功或失败的决定者。

二

各国像样点的大学，对教师的聘用，都有一定的考查与程序。但考查与程序的执行者依然是人，人有自私自利的本性，自私自利常使考查及程序，失掉客观的观点。愈是落后的地区，由某些人自私自利而混进大学教师行列的愈占多数。一个不合格的教师混进了大学之门，等于科学技术实验室中安置了一副完全失掉活动规律性的冒充仪器，当然对实验会发生反作用。这是大学的第一道难题，这种难题在台湾和香港最为显著。

教师的身份若没有保障，便会影响到学术的自由与独立。但教师的身份有了保障以后，常发生两种现象：一是有研究兴趣的，顺着个人的兴趣，钻自己的牛角尖，与教学和学生脱节，这等于在实验室中装上了一副牛头不对马嘴的仪器。另一是没有研究兴趣的，便抱着铁饭碗胡混，真正变为"教书三年成白丁"的混子。这等于在实验室中装上了一副破损不堪的仪器，依然对实验产生反作用。这是大学的第二道难题，此种难题，在学术很发达的国家，也在所不免。

三

世界许多国家，在前四五年，大学中都受到学生的风暴。日本的师道之尊，在世界少有其比，但在上次学生风暴中，学校所受的破坏，教师所受的侮辱，也表现得非常突出。

这种风暴，虽然有学术以外的政治原因，但由教师平日不能担负自身责任而来的积愤，也是重要原因之一。这阵风暴过后，随之而起的是大学教育的改革问题。在各种改革中，最重要之点，是学生取得若干主动的权力。但校政究不同于一般行政，学生在学校内究不同于一般公民，所以教师对学校的决定性，并不因而减少，于是教师自身的改革，成为学校改革的最基本问题。

东京大学的"教官（教师）自己规律专门委员会"，向评议会提出《关于教官自己规律的报告》。在十二月十九日的评议会上，决议为东大的基本方针，各学院、各研究所，以此为标准，在一九七三年二月底以前，为了教官规律自己，应作出具体规定。其基本方针，分为三点。（一）人事任用的严格化，并导入竞争的原则。这是要把"铁饭碗"改变为"流动性的饭碗"。（二）教授在一定年限之内，须接受业绩评判，在评议会上，各评议员对各教授的人格、教学能力，及著作水准，作严格的评判，再投票以决定他有无充当教授的资格。（三）教官须提出定期报告，报告自己的教学与研究的情形和成绩。东大的办法是否能行之有效，尚待考验，但在学校的规章内，提出教师自己规律的具体要求和具体办法，这对香港的大学教育而言，是有非常重大意义的。

一九七二年十二月廿七日《华侨日报》

教育、群众运动及其他（答问纪录）

刘美美　纪录

问：徐先生，大陆最近有两事件，其一是有个十二岁的学生批评教师，骂教师为"修正主义分子"，得到《人民日报》表扬。另一则为有批工农兵学生批判《论语》，教师认为《论语》可注不可批，结果该教师又被骂为"资产阶级"。以先生意见，何以中共赞扬批判教师呢？同时又动辄扣人以"修正主义"、"资产阶级"等帽子，这种罪名重则杀头，轻则劳改多年，讲"错"一两句话，真的如此严重吗？这其中目的何在？

答：当我们谈大陆问题时，首先应了解从自由社会所得的一些观念，从人类历史所得的一些观念，与共产主义的观念，已有很大的距离。而毛泽东思想，又与马、恩的共产主义有很大距离。例如只准一分为二，不准二合为一；把反潮流当作最大的任务，这都是在马、恩或马、列中找不出来的。现在大陆是毛思想的天下，和我们之间，有两重隔限，问题的不易了解，正由这些地方来的。

谈到教育问题，我们应分三个层次来谈：

第一层次，照我个人的了解，台湾与香港的大学生，在学习时太缺乏主动性，而大学里的教师，不够水平，不负责任的，也实在不少。在这一层次上，加强学生的主动性，加强学生对教师的要求乃至考核权，我认为是合理的。

第二层次，我们应当了解，凡在中共报纸上公开了的资料，几乎都被中共文教人员加以修饰过，与原来事实，有很大出入。上面所引的教师说"《论语》可注不可批"的话，我怀疑不是大陆教师所说的原意。因为任何人的思想，都可以批评，孔子的思想也可以批评。教师的话，应当是"先求了解，再作批评"，把"了解"放在前面。我推测，那位教师所反对的是江青们所发动的"指鹿为马"式的批评，而不是主张《论语》只可注，不可批。假定该教师真是这样的主张，学生当然可以反驳，但扣不上政治性的帽子。

第三层次，大陆上容许考试作弊及鼓励学生骂老师等情形，与上两层次的问题毫不相干，而是为了巩固毛泽东思想，要把知识分子的地位彻底打翻，因而使如识分子所掌握的知识不能发生作用。所谓毛泽东思想，简说一句，即是列宁所说的"左倾幼稚病"。只要知识分子的地位能稍稍安定下来，知识分子手上的知识，自然会发生作用，自然会使毛思想危殆不可终日。所以只有利用知识完全没有成熟的孩子们不断地造反，不断地给知识分子以威胁，亦即是给比较成熟些的共产党员以威胁，才能巩固毛思想，才能巩固江青集团的继承地位。这是当前大陆的真正危机之所在，也是中共自身危机之所在。大陆的毛思想的教育路线，乃是以愚民为目的的教育路线。与此相关连的另一个奇怪的事情，就是不准阶级成分不好的青年人受大学教育。中共所说的阶级成分不好的一批人，早被中共整得九死一生。现在可以受大学教育的子女，都是在共党革命成功后所生的子女，亦即是在这新社会中所成长的子女，怎么把这些从来没有与过去的阶级发生过任何关系的孩子也扣上阶级成分的大罪名，而剥夺他们受教育的基本权利呢？中国在三千年前，已主张"罪人不孥"，继续实行诛及三族九族的统治方式，这真不是稍有理智的人所能解释的。

至于他们动辄扣人以政治上的罪大恶极的大帽子，这说明：第一，不允许面对面的讲理。第二，绝对没有容忍精神，从毛口里说出的，是绝对的真理，决没有错误，所以大家要便是降伏，要便是毁灭。第三，没有法律观念，更没有人权观念，只要取得权力，便可是非任意，生死由心，而一无其他制约。他们取得政权已二十多年，仍用扣帽子的方法解决问题，这说明毛思想在共党内部，也不能生根。

问：从这些问题，我们追到一更基本之原则，就是教育是否需要独立，进一步就是人民思想是否需要自由而独立于政治压力之外呢？

答：教育独立与思想独立，并不是独立于政治、社会问题之外，而是保证教育、思想的"自律"性的发展，不受到统治者一时权力意志的干扰、压制；这正是真正对政治、社会负责，才有真正的教育、思想可言。但在共产党体制之下，把政治、社会问题，和统治者的权力意志混淆起来，为政治、社会服务，即是为统治者的权力意志服务；所以教育、思想，都成为权力意志的打手与装饰品。严格说起来，他们只有某一最高统治者的权力、意志，而没有教育、思想。共党革命，本是靠思想成功的，但苏联革命后已有五十多年，在去年苏联与西方国家提出作大量文化思想交流时，苏联显得狼狈不堪，坚闭固拒。这说明苏联之所谓思想，是靠铁幕及特务组织而存在，根本见不得阳光，经不起考验。假定承认人是理性的动物，共党在这种地方实潜伏着最大最深刻的危机。

问：从教育之问题中，我们可以看到中共常常借一些运动来"改造"知识分子，我们想请先生谈谈，为何大陆常要闹这些运动呢？是否表示此乃共产党的一种手段，借此而压制不满？还是如一般人所说，是一种思想教育？

答：大陆常常闹各种运动，这些运动不外是喊一些左倾幼稚病的口号。如果中共成熟一点，社会趋向正常与安定的话，就不会有这些左倾幼稚病的口号和运动了。毛泽东不断要闹运动，不外是要共党党员及人民，人人都精神紧张，不使他们能保持正常生活及正常心理状态；如此，就可保证他的左倾幼稚病的路线能继续推行。在毛的心目中，党员和人民，不过是糕饼店里的面粉，而他的路线则是做糕饼的模型，要如何，便如何。长此下去，我相信大多数中共党员及人民渐会由紧张而麻木，失掉运动的真正意义。

从民主的正常发展看，大家有什么意见都可以自由发表，也可以通过正常的议会立法程序加以解决，根本就不用运动来解决问题。只有在正常的民主程序不能解决，或根本没有建立起民主政治时，才有运动，有如美国学生的反战运动，及落后国家的学生运动等。中共在取得政权之初，为了打倒敌对者，实行旧社会的大破坏，须要靠运动来推动，这是可以了解的。但我不明白，何以二十多年后的今天，不肯建立经常的体制，却还在搞一个接一个的运动？

问：有人认为中国过去之儒家思想乃主张人治的，而中共则是主张法治的，究竟中共是否真的推行法治呢？如果是推行法治，何以又常常朝令夕改呢？还有一个问题，即中共常强调集体，强调群众路线，究竟中共是否推行集体主义呢？这种主义有何优点与缺点呢？

答：中国的儒家并不否定法治，只是认为要靠好的人来建立来推行。至于共产党，不仅完全是人治，并且完全是一人之治；不但不要宪法，也不要党章。因为他自己不再想当国家主席，而旁人当国家主席又使他感威胁，便干脆主张不设国家主席，以方便他好天马行空。谁能在毛下谈法治呢？他今日之所以推重法家，只重在法家的极权专制，"以吏为师"；他和法家要求有一种客观的法的观念，是绝不相容的。实际自文革以来，他在政治上、文化上所用的手法，完全是赵高指鹿为马的手法。

至于集体主义和群众路线的问题，我想某程度的集体主义不一定是坏的。群众路线更有特殊的意义。但中共目前所走的，是个人专制路线，不是阶级专制路线，所以也说不上是集体主义。在国家建设上，在决定政治大方向上，我们应承认文革以前的群众路线的意义。但文革以来，毛的左倾幼稚病路线，不能为成年人的群众所接受，所以他是搞"儿童路线"来作政治斗争工具。目前可以看出的"反潮流"运动，他要再来一次"儿童路线"来压制"成年群众"。

在过去，社会受少数上层分子控制，只有少数人有权力与自由；中共起来，打倒这些特殊分子，让大多数老百姓能翻身，站起来，这方向是很好的，但可惜缺乏民主这一部分。于是取得政权后，其群众路线就变为私人权力斗争的工具。本来打倒了上层特殊阶级，应该能让老百姓站起来。但要老百姓真正能站起来，就要老百姓有基本人权，有宪法保障，有法律保障。但文革以来，共产党员连党权都没有了，人民还有人权吗？毛的政治口号，虽然口口声声称"为人民"，但人民的命运，完全决于毛一念之间的宽大与否，人民只有流汗，睡觉，等待毛的恩赐。假定毛真正是"一切为人民"，也只能算是中国传统中的"爱民主义"；人民与统治者的关系，是恩赐者与被恩赐者的关系；从好的方面去解释，也是太落伍了。

问：如今很多左倾的人士为中共没有民主而辩护，主要理由就是指出今日民主社会之堕落情形，认为由于"民主""自由"，使人民不受限制，才引出这种问题，遂进一步否定民主的价值。以先生的意见，对这些问题应怎样去看？

答：共产主义，并不否定民主自由的价值，而是认为只有当共产主义实现时，才有真正的自由民主。由史达林所建立的极权体制，实是违反了共产主义的原始精神与目标；左倾人士反而去帮助反民主的腔，这是出于他们的无知识。民主政治，是人类长期挣扎所开辟出的自己掌握自己命运的一条坦途。政治进步与落后，文明与野蛮，这是一个大分水岭。人生活在民主自由中，不感到民主自由的意义，也和人生活在空气中不感到空气的意义是一样的。但到空气污浊乃至缺乏时，便立刻会感到这是与生命不可分的。民主政治下的堕落，是有其他许多因素，决不表示此堕落与民主的本身有密切的关系。并且只要不是玩弄假民主，则以民主之力，可以发现堕落，挽救堕落。现在民主下的堕落，主要乃由过分的个人主义及资本主义的末梢症状而来，过分的个人主义及末梢的资本主义并非与民主不可分。就我个人的看法，"民主的社会主义"，或许是人类今后的一条出路，尽管这是要经过许多曲折的一条出路。中国的问题，是自鸦片战争以来，因专制的横暴、卑污、愚昧，没有走上民主政治这条路上来的问题。此问题没有解决，中国问题便不能得到根本的解决。

问：从以上的政治问题，我们进一步想到中共的文化问题。中共对中国文化是采一相当程度之否定态度，例如目前的批孔运动，就要把中国数千年来的文化精神及其象征打碎，而他们又自称近数十年来之文化是新文化，如江青的样板戏等。不知先生对这种情形的看法如何？

答：批孔运动，实不始于共产党。但硬说孔子是代表奴隶主阶级的利益，把孔子的坟也挖掉，这才说明了毛的特性。现在不是与中共谈文化学术的时候。中国有出路，则文化问题将从头清理。

问：从先生以上种种之分析，可见中共政权仍有很多问题，但再看看国外，这两三年间，随着国际形势的更改，很多人对中共态度也有很大的转变。其实中共与前无大分别，何以人们都改变态度呢？先生能分析其内在因素吗？

答：海外人士态度的转变，不是他们对共产主义态度的转变，而是对中国态度的转变。何以如此呢？实在很复杂。

首先，海外知识分子中品格比较好的，真的关心中国问题的，必然希望国家民族能站起来，对近年来中共的许多成就，评价自然会提高，此乃人情之常。他们觉得只要中国能站得起来，什么政体均是次要的；这种心理如果是出自真诚的话，我想并不算坏。

其次，海外多数知识分子，是有意无意的，跟美国走。美国反共时，他们跟着反共；如今美国不反共，他们反共的依据即失去，遂赶快随美国去靠拢。

也有若干海外知识分子，是靠研究中共吃饭的。现在美国很多人可以到中国大陆上去看看，这些吃中共饭的人若不能去，自己的地位会因而降低；只有抢着走一趟，对自己的饭碗才有安全感。

至于，去过大陆的人出来替中共说好话，也有几个原因。第一，中共当然有许多成就可以说说好话。第二，他们没有在大陆生活，也决不打算过大陆式的生活，而只抱隔岸观火的心理，对合不合理的问题无亲切之感，更无迫切的责任心；受了招待后，落得说几句客气话。第三，他们有家人及亲戚在大陆，怕他们受累，不敢把真的感觉说出来。他们口中所说的，随人格、知识之不同，而价值亦随之不同，不能一概而论。

其实我相信大陆内的知识分子，内心是深盼海外知识分子能在客观或正义立场说几句老实话的，因为这样才对中国有好处。他们在国内绝无这种批评的自由，不能不寄望于尚保有自由的人士。假定海外有点自由的知识分子，摒除自私自利之念，为了国家的前途，用较客观态度来谈中国问题，说对了，对国家有益；说错了，"事实胜于雄辩"，而我们不过是沧海之一粟，又会伤害些什么！

问：近年来很多年轻人，因中共强大而亲共，甚至带有宗教感情地崇拜毛泽东与马克思，深信马、列、毛那套东西真的可以"拯救"世界，先生对这种情形有什么看法？

答：年轻人因不满现状，而投向中共及马列主义，是有血性有良心的表现。他们和许多投机分子不同，并不是为了一己利害着想。共产党理论落实下来，走向与预定目标相反的方向去，尤其是出现了史达林及老年的毛泽东所造成的灾害，更是许多青年

　　　　　　　　　　　　　　　　青年与教育

所不能了解的。我批评中共，我没有否定中共。从国家的前途看，从目前的现实看，我们应承认中共的许多成就，接受中共所打出的大方向——社会主义的方向；但消极方面，清算左倾幼稚病；积极方面，建立宪法，肯定人权，使政治在宪法上运行，使人民有人权的保障。这是一个期待，一个前进的指标；也或许，历史会向这一指标演进。

一九七四年四月《明报月刊》第九卷第四期

"辨伪"之不易的一例

　　辨别古书的真伪，在学术研究上是很重要的工作，但也是很不容易的工作。推翻传统的说法而断定某书为伪，等于在法律上判决某人的死刑。好的法官，在判决某人的死刑以前，必从各种角度搜集对某人不利及有利的资料，作客观的衡量，为其求生而不可得，然后判决他的死刑，才可以使己心无愧，死者无恨。但近数十年来，从事辨伪工作的先生们，多以一端一隙之知作悍决周纳的判断，很少想到：一、古代实际情形，能见之纪录而又流传下来的不过是千万分之一二；而在口耳流传，及一再转手后，歧出异说，皆在所难免。二、保存下来的有关纪录，是不是都已看到而一无遗漏？三、假定都看到了，自己对材料的分析、解释，乃至对不同材料的轻重权衡，是否得当？于是本为学术开辟荆榛的辨伪工作，变成愈辨而愈是荆棘载途。年来我和许多老朋友弄得不愉快的情形，多半是从这种地方来的。这里我再举一个例子。

　　一九七二年四月，山东临沂银雀山发掘了两座汉墓。年代推断，有的根据第一号墓中竹简的文字没有避文帝名"恒"的讳，而认为是在文帝以前；有的因第二号墓中有汉武帝元光元年历谱，其上限不能早于元光元年（西纪前一三四年）。问题是在两墓是同时下葬的，还是有先有后。总之断定是西汉前期的墓葬，是没有问题的。

西方记者对此事的报导，见于四月十七日台湾的《中国时报》及香港的英文《南华早报》，日本报纸在同一天也作重大的新闻，加以报导，但皆有不同程度的夸大。目前可以了解的是，在第二号墓中出现有竹简三十二枚，用墨笔写的汉武帝元光元年历谱，简长六十九厘米，宽一厘米，厚〇点二厘米。第一号墓出现有竹简四千九百四十二枚，也是用墨笔写的，每枚长廿七点六厘米，宽〇点五至〇点九厘米，厚〇点一至〇点二厘米。其中包含古籍残简十三种，此处不详加叙述，仅略述最重要的《孙子兵法》及《孙膑兵法》两种。

《史记·孙吴列传》载孙武及孙膑原是先后两人，且各有著作，《汉志》也分别著录。但孙膑的著作，很早便失传了；于是从宋代叶适起，对人对书，都起出了许多疑问。日人武内义雄，提出三点理由，认为今日的《孙子》十三篇，不出于孙武而是出于孙膑。梁启超也认为此书在时代上不应出于孙武。钱宾四先生则以为"凡吴孙子（孙武）之传说，皆自齐孙子（孙膑）来"，"而史公亦误分为二人也"。意思说只有孙膑，并无孙武。由此次的发现，可以证明吴孙武、齐孙膑，为各有其人，各有其书，史公所记并不诬，而《孙子》十三篇之出于孙武为不伪。不过由《孙膑兵法》中的《擒庞涓》篇，与《战国策》所记擒庞涓相合，而《史记》说是"自刭"，却是误记。

上面的材料，只整理出一部分。这里再举出一点，供台湾喜读《孙子》者的参考。

现在流行的《孙子·虚实》篇有"出其所不趋"一语，在此次所发现的汉简中是"出其所必〇"，即是"出其所必趋"。若出敌人之所不趋的地方，是把兵力指向敌人不关痛痒之地，完全是浪费兵力。"不"字乃"必"字之误，一字之讹，意义重大。

四月十八日于九龙

一九七四年五月五日《中国时报》

答辅仁大学历史学会问治古代思想史方法书

一

各位同学，我和贵校，可说毫无因缘，但你们远道来书，问治中国上古思想史的方法，足见各位向学之忱。可能其他各校的同学，也关心到此一问题，所以我把我的答复寄给幼狮社的董挽华小姐，看《幼狮月刊》有没有兴趣将此简单的复信刊出。

治中国上古思想史的方法，与治任何时代思想史的方法，没有什么不同。不过在典籍上及时代背景上，常需要多一番考据工作。而你们的来信说我"尤其是最近几年的学术工作，都是在为中国学界开辟一条坦途，使今后考据的学者，不致陷入于前人泥淖里"，这当然是客气话，但可见你们注意的，也在考据方面，所以我在这封信中，也切就这一方面来说。

拙著《中国思想史论集》，现由学生书局印行第三版，前面有三篇序。《中国人性论史·先秦篇》由商务印书馆发行的是再版，前面有两篇序，都谈了方法上的问题。尤其是在拙著中有许多批评性的文字，这在方法的运用上是较易把握的。《周秦汉政治社会结构之研究》，已由学生书局发行台湾版。在这部拙著中，我是如何批评了许多强有力的说法，并在现成材料中提出新的观点，这都是方法运用上的例证。最近即将付印的《两汉思想史》卷二，里面收有五篇文章，共约三十多万字，里面解决了不少的考据中的重要问题。此外的拙著，没有一部不涉及重要的考证问题的，我向你们提到我的这些书，不是想向你们推销；而是"得失寸心知"，在自己的著作中，才真有我所能把握到的有血有肉的方法。悬空地谈，悬空地听，实在没有太大益处。大概在十多年前，台大把陈寅恪先生《元白诗笺证稿》印了出来，我买了十部作为一种"襄助盛举"（在当时这是台大做的极有意义的工作）。陈先生在此书中对唐代文学发展的意见，我并不赞成。尤其是他说唐代古文运动是由写传奇的风气而来（事隔十多年了，大概是这样说），这是不了解刘彦和以下的一贯要求，可以说完全不能成立。但当我看这部著作时，使我非常感动。我觉得没有问题的地方，他却能看出问题；而且一经他道破，便感到的确是有问题。经他把问题提出后，又觉得"人海茫茫"，在什么地方可以得到解决这问题的线索？但看来与问题并无关连的材料，经他一番分析、疏导后，居然引出了解答问题的线索，终于得出可以承认的结论。这对我的启发性太大了。其次，给我启发性很大的便是王怀祖的《读书杂志》，我常想为此书写一专文，阐述他在方法运用上的精密纯熟，总是抽不出时间来。我常把我读《元白诗笺证稿》的经验告诉我的学生，鼓励他们去读，但没有一个学生能领悟到。也如我曾把马浮先生的《尔雅台答问》圈点出来，鼓励一位想治思想史的年轻人去读，他读了依然感到索然无味，一点也不感到这是近三百年来最特出的一部著作，可与熊十力先生的《十力语要》相提并论。

上面的话，是想说明：只有读组织严密的思想性的著作，才能养成自己的思考能力，逻辑教科书是没有大用处的。只有读论证精详的考证性的著作，才能养成自己的考证能力，决不应仅靠方法上的说教。同时，真要看懂他人的著作，要靠自己的工力。而选择名著，反复用心去精读熟读，一寸一寸地把握其中的纲要、条理及取材、推演的方式，是培养功力的不二法门。依傍门户，道听途说，便什么也谈不上了。

二

大家谈科学方法，却常忽视了在自然科学的实验当中，人不能不以仪器的活动为活动，此时的方法是在客观中运行。但在人文学科方面，方法的操作，"存乎一心"，很难脱离主观的作用。所以在作自然科学研究的人，不必注重个人的主观态度；但在作人文学科研究的人，首先要求有一个由"忠于知识"而来的勤勉、谦虚、自信，及"过则无惮改"的态度。适当的方法，只有在这种态度之下才可以发现和运用的。

知识分子"忠于知识"，也和其他行业忠于自己的本行一样，是很寻常的四个字；但在农工商中，很容易发现忠于本行行业的人，在知识分子这一行业中，发现忠于自己行业的，真是太不容易了。忠有"尽己"及"服从"的双重意义。朱子以"尽己之谓忠，如实之谓信"解"忠信"两字，意义深远。"尽己"是竭尽自己的一切，而毫无保留地去追求知识。"服从"是绌退虚名、意气、势利、权威、人情、世故，惟知识是从。各位试顺着这一"忠"字去衡量一下，有几个人可当之无愧？当然我自己也包括在内。有了这"忠"字，才能产生上面所说的态度。

大概在二十年前，胡适之先生回到台湾住了一个短时期，《中央日报》上刊出了他的一篇讲演稿，内容大体上说治学要"勤"要"缓"，这实在是他个人甘苦之谈，却似乎没有引起学术界的真正注意。所谓"勤"除了勤于阅读、勤于搜集外，在写文章时，只要发现有一点缺口，有一点于心不安，便不应轻易放过。所谓"缓"，是指材料没有收齐，观念没有成熟，固然不应轻易动笔，即使觉得材料、观念都已具备了，还应多酝酿一段时间，在脑筋里多转几回圈子，并从与自己意见相反的方向多想想。胡先生所说的具体内容，我一点也不记得了，这里只觉得他提出的"勤缓"两字，对许多人来说，真是药石之言，所以补充点自己的解释，希望能与他的原意相去不远。

我所说的"谦虚"，主要是对材料而言。先让材料自己讲话，在材料之前，牺牲自己的任何成见。我越到晚年，越感到治思想史的人第一责任便是"服从材料"。"自信"是在深入到材料去以后，对任何与材料不符，但被人视为权威的说法，都敢站起来替材料讲话。对任何权威的说法，都敢清查他的底细，穷根究委，查个水落石出。这是面对知识的堂堂正正的人生态度。首尾两端，獐头鼠目，满腔子都是人情世故的人，或者不肯直接用脑筋，而只肯见势行事的人，我不相信他能求得真正的知识，担当起任何的知识。

至于在知识上"过则勿惮改"，不仅老牌的学者不容易做到，连许多初出茅庐的"青年才俊"，也不能做到；这是限制个人进步，限制社会进步的重要原因之一。站在知识的立场上，有疮疤便应揭出来治疗。以揭疮疤为深仇大恨，只是对知识的不忠。于是常常在方法上玩尽把戏，以达到文过饰非的目的。由此不难了解态度与方法的关系。

青年与教育

三

另外有两点，也应提出来加以澄清，以扫除治学上的障碍。

第一点，姚姬传把中国学问分为义理、考据、辞章三大部门，这只是就当时学术界的情形，为此概略之论。假定方便上承认姚氏的说法，则考据与辞章，可两不相干；但若把义理作思想来理解，则考据与辞章，如何可以与义理割席？就研究的对象来讲，假定被研究的对象是人，此人行为的后面必定有他的思想或时代思想的背景；而此人的言语，或即是直接表达他的思想，或者不自觉地是由某种思想而来。由考据到义理，乃是研究上不可缺少的历程。某人的思想，固然要通过考证（包括训诂、校勘等）而始能确定；但考证中的判断，也常要凭思想的把握而始能确定。一个字，可以作许多解释，只有在一句话中才能确定应采某种解释。一句话，也可以作不同的解释，只有在相关的前后文句中才能确定应作某种解释。因为一句话，前后相关的文句，是有思想的脉络在里面的。这即说明考证与义理在研究历程中的不可分割性。就研究的人来讲，做考证工作，搜集材料，要靠思想去导引；检别材料、解释材料、组织材料，都是工作者的思想在操作。而"思想力"的培养，必须通过了解古人的、他人的思想，而始能得到锻炼、拓展、提升的机会。所以思想力的培养，是教学与治学上的基本要求。岂有不了照古人的、他人的思想而能培养自己的思想力？岂有没有思想力的人能做考据工作？但有一批自命颇高的人，标榜他们只搞考据，不沾义理，不沾思想，以保持他们的科学立场。几十年来，国家在学术上的名位与金钱都操纵在这批人手上，于是中国居然要以"无思想的学术"名于世。这岂仅限制他们始终停顿在极肤浅幼稚的阶段，更糟的是，他们在考据之下，十有八九，都是大打其胡说，贻害一般年轻有志而尚无能力拆穿他们的把戏的人。

第二点，你们来信提到经学、诸子学的成书年代等问题，我在《中国人性论史·先秦篇》中，谈到此一问题，在《两汉思想史》卷二中也涉及到这些问题，希望各位平心地去阅读。我在这里只提醒各位一点，台湾有一部分人标榜他们能够辨伪，治学以"辨伪"为先务，大家不可上这些人的大当。辨伪当然很重要，但大家要知道，辨伪乃是一个极困难的问题。台北窃取今文学派、疑古派及他人的余唾，以标榜辨伪的人，多是"非愚"即"妄"，或懒惰而又好名的人。例如日本有人说《礼记》是成立于东汉，于是台湾也有人说《礼记》是成立于东汉；但我对《全西汉文》做了一番详细考查工作，不仅武帝、宣帝时代，已有很多人引用今日《礼记》中的各篇，并且在西汉时代，有的在引用时，已称《记》曰、《礼记》曰。这怎样加以解释呢？又如《史记·宋微子世家》根据《韩诗》而说"襄公之时修行仁义，欲为盟主，其大夫正考父美之，故追述契、汤、高宗，殷所以兴，作《商颂》"。但《索隐》已指出"考父佐戴、武、宣，则在襄公前且百许岁，安得述而美之？斯谬说耳"。《毛诗正义》谓宋戴公在西周宣王之时，则正考父亦当在西周宣王之时，是《韩诗》的说法，早根本动摇了。《毛传》说"微子至于戴公，其间礼乐废坏。有正考父者，得《商颂》十二篇于周之太师（史），以《那》为首"，则《商颂》乃保存在周太史的手上，并非正考父所作至为明显。《国语·鲁语》"正考父考校商之名颂十二篇于周之大师，以

《那》为首"，《毛传》的说法，可能出于《鲁语》，《鲁语》说"考校商之名颂"与《毛传》的说法并不冲突。《正义》"谓于周之太师，校定真伪"，这是"考校"两字的通释。现时《商颂》只有五篇，是此说的成立，早在《诗》的三百零五篇定本之前。把这些因素加在一起来考虑，《毛传》的说法，自为不可易。但魏源为了伸张今文学，在《诗古微》中强调《韩诗》的说法。王国维继之，说由《商颂》词句的内证，而可断定《商颂》是颂宋襄公的作品。我们试把《商颂》细读一遍，能否定朱熹"其辞古奥，亦不类周世之文"的说法吗？诗中对商的声势的形容，是宋襄公"欲为盟主"的气象吗？我很佩服王国维在学问上能开生面，但在考据上所用的过分简单化的方法，是非常有问题的。台湾今日还有人坚持《韩诗》之说，还有人把"校"字释为"作"，以证明《国语·鲁语》也是说正考父作《商颂》。"校"字能引伸或曾假借为"作"的意义吗？正考父要作《商颂》，为什么要跑到周太师（史）那里去作？缺乏起码的训诂常识，而又不安分守己，这种风气实在太坏了。以上是随便举的最简单的例子。我说这段话的意思是每一辨伪者所提出的论点，都可以留心，但决不能轻易接受。没有经过"再考证"以前，宁可暂守传统的说法，以免因好奇而陷入泥淖。考古上的新发现，许多是在打轻立新说者的嘴巴。

四

推翻传统的说法是考据，重新肯定传统的说法，同样是考据。考据的第一步，是认清什么是某一问题的基本材料，直接从基本材料下手。基本材料把握到了，再看他人有关的正面反面的说法，精密地与基本材料相对照，这样才不致受欺骗，并可养成批判的能力。在作对照时，一是，他人的解释是否与原意相符？二是，他对人、对材料的把握，是片段的，还是全面的？三是，顺着他人的论点去追查他所援引的根据，是否确实。四是，细心而客观地衡量正反两面材料的轻重。再顺着基本材料去追求约略同时的有关材料。再由基本材料追求在这以前的线索，也追求在这以后的足印。在辞典、汇书上找有关材料的引子，更凭联想之力，在各方面动脑筋。我为了考证石涛的生平问题，从头到尾，翻阅了二十部以上的清初的诗文集，完全落空，但决不后悔。我为了不相信董仲舒对《春秋》"元年春王正月"的解释，此解释由何休所接受而成一大势力，便联想到金文中有没有这类的"书法"，因而推翻了两千年来为今文家所笃信的"其（《公羊传》）中多非常异义可怪之论"。但一切都要由基本材料下手，在基本材料上立根基。我为什么特别提出这一点来呢？因为许多做考据工作的人，只用力去找他人有关的说法。高级的，由中国找到外国，把它拼凑在一起，附注参考书目一大堆，以炫耀自己涉猎的广博。但对基本材料，除了"人抄亦抄"以外，并不直接去下一番工夫；这等于用烂泥筑墙，越筑越来得稀烂了。假定你们承认我在考据上有一点成就，较之一般考据专家，稍有一日之长，则我已把自己的"金针"度给你们了。"佛法无多子"，考据的方法，也"无多子"。

找材料再勤，也必有遗漏，必有继续发现。假定我的考证是正确的，则继续发现的材料，都会为我作证。假定考证错误了，继续发现的材料，都会成为我的对头。我对《孝经》成立年代的考证，便遇到后面的情形，逼得我只有认错。

你们问的是治上古思想史，这里面还有一个古与今的观念转换的问题。有的在古代认为很神圣的事物，有如天、天命、天道、阴阳、五行之类，在今日则并不神圣。我们的责任，是要在时间之流中，弄清楚它们的起源、演变，在当时的意义及现代的意义。既不回头去扮演古人，也不把古人拉到现在来改造。

　　我的话说得太率直、太杂乱了，希望大家原谅。

一九七四年十一月一日《幼狮月刊》四〇卷第五期，

选自《辅仁史系通讯》第三期

"社会规范"问题

一

日本总理府青少年对策本部，以探求日本青年的公共道德、礼节、规范意识等的目的，在去年十月，任意抽出十八岁到二十四岁的青年七百人，有儿女的父亲三百人，作了一次面对面的调查。并为了便于比较起见，在美国和西德，也作了同样的调查。今年七月九日，用"社会规范调查报告书"的名称，报告了调查的结果。从报告书的内容看，不一定达到了他们的预期的目的。但他们注意到此一问题，及热心探求此一问题，却是很有意义的。

这里的所谓"社会规范"，实际即是我们从战国中期以来所重视的"风俗"。人是生存于社会之中，人的生活，即是社会生活。一般地说，只有生存在合理的社会中，才容易过着私人的合理生活，才容易得到个人的安全、幸福，人类的前途，才可得到继续生存发展的保证。所谓圣贤豪杰，只有当他的思想、行为，在社会生活中发生了影响，而成为善良的风俗时，才对人类、对历史，有了真正的贡献。所以从学术理论的结构看，孔子并不及古希腊系统的哲人；但从他在二千多年来的社会生活中，所发生的影响看，则古希腊系统的哲人站在他面前，却显得非常地干枯渺小。

社会规范的实体，不是由特出的有声有色的事件所构成的，而是由无声无色的极寻常的行为所构成的。当然，有声有色的事件，必会给社会以各种程度不同的影响。但在它只保持一时的刺激性，而没有寻常化于人们日常生活之中时，便不能算是社会规范。"奇风异俗"，乃是外来人看本地人的印象；站在本地人的立场来说，凡是奇的异的，便不能构成风俗，亦即不能构成社会规范。由此可以了解，所谓"社会规范意识"的意识，只是人们由不能说话时已开始在模仿，由模仿的积累所形成的反应或直感。它没有达到"思考"、"思辨"的程度。因为人们绝对多数的行为，都是由这种不知不觉的直感、反应而来；若要通过思考、思辨而始决定行动，一般人的生活便会为之疑滞而失掉活力。所谓风俗、社会规范，是上述直感、反应的集体形态，也是熏陶每一个人的直感反应的大熔炉。正因为如此，应该可以了解风俗、社会规范，对人于不知不觉中所发生的巨大力量。中国对这种性格的力量，常用"风"来作比譬。"风俗"的名称便由此而来。

二

据七月十日，日本报纸所发表的调查报告书的概要约略如下：

日本青年有百分之七十，认为亲老应与儿子同住，美国和西德，则有百分之八十左右，不赞成亲子同住。认为薪水袋应完全交给太太管理的，日本人约占百分之六十二，较之美与西德，多出两倍。对于成年儿女归还借去的钱时，当父母的认这是一种为难的事情的，日本人止于百分之四十二，却较美国、西德为少，这表示出日本人由传统意识走向"个人自立"的倾向；但全般地看，亲子、夫妻间的规范意识，日本人较欧美为强。

但另一方面，日本人有的地方，表现出所谓"西欧式的合理主义"的情形，又反而凌驾于西欧人士之上。例如在私人机构中做了超过规定时间的工作时，欧美人士绝对多数要求增加工资，日本人则很少有这种要求。但遇到上司搬家时，认为应无偿地去帮忙的，日本人占百分之五十四，固然较西德的百分之四十二为高，但较美国百分之六十二的为低。朋友借钱借到四百美金左右时，认为应取得借据的，西德占百分之五十六，美国占百分之三十八，日本人则占百分之六十一。约朋友在一起吃饭时，认为应出朋友一份的，美国人占百分之六十八，西德人占百分之六十五，日本人则仅占百分之五十六。这正是受了西欧式的合理主义的影响。日本报纸对上述情形，强调了日本青年，正不知不觉地把传统与西方的社会规范，混合在一起。

说到与近邻的关系，日本与欧美也有所不同。当吃饭时，若发现调味品不足，认为可向近邻借用的，美国人占百分之五十七，西德人占百分之六十四，日本人则仅占百分之三十四。但出外作了三天的旅行时，认为应带点土产给邻人的，日本人占百分之七十七，而西德则仅占百分之三十二，美国人大概更少。

对于看到有人在公众面前使用暴力行为时的反应，仅有百分之一五点四的日本青年，主张应积极地使暴力行为停止，此外则十人中有七人采视而不见的态度。在美国，则认为应积极干预的占百分之五八点四，西德占百分之五五点九。公园里不把垃圾投入垃圾箱而随便丢到路上、草上的，日本青年将近百分之八十，多出西德二倍。进入建筑物时，为紧接着进来的人开门以待的，美国人占百分之八十七，西德占百分之八十四，日本则仅占百分之四十五。日本报纸因此而叹惜日本青年对社会的责任心不够。

三

社会规范，亦即是社会风俗，有的因历史、地理、经济、文化等条件的不同，而表现的情形各异，只要能适应各集体生活的适当要求，则在价值判断上，没有是非善恶可言的。有的则在客观上妨碍了集体生活的进展，但生活其中的人们并不感到这是不对、不合理，因而安之若素。这便要由有识之士，通过教育、舆论等各种手段，不断加以教导、谴责，有如过去谴责包小脚、吃鸦片一样。担任教育及传播工作的人，若对此熟视无睹，即是放弃了自己对社会所应尽的责任。

一个民族、一个社团、一个家庭，当走向没落的时候，必然表现为公德心的缺乏。香港政府提倡"清洁香港"运动，这是住在香港的中国人，对自己的公德心的起码的考验。我挤住在美孚新村，发现有几户人家，经常把垃圾从窗口向外丢，并且有少数人不交管理费，这真可称为害群之马。而香港社会最大的缺点，是对邻居的冷淡，纵使朝夕相遇，也如远隔天涯，这样便连最低的自治能力也发挥不出来。并且在人与人之间，除了打麻雀牌以外，便很不容易发现出互相来往的方式。若站在社会生活上来看文化，则在香港人的生活中，只有麻雀牌便无其他文化，这实是一种可悲的现象。

一九七五年七月十五日《华侨日报》

"社会规范"问题

愚、斗之国

一

在文化大革命后，接着是批孔运动。批孔运动未了，又是反对千年以前向皇帝投降的宋江。此一运动尚在发展中，十一月左右，以清华、北京两大学为首，又由毛泽东指示，更发动了如火如荼的大字报运动，清算清华大学刘冰、教育部长周荣鑫的修正主义。但正如日本报纸所分析，这是极左派夺权斗争的再发难，目的决不止于刘、周两人。而万变不离其宗的目的，是为了江青保护毛路线。由此，使我感到，只有通过愚与斗之门，才可走上毛泽东路线，而毛泽东路线实现之后，将使中国成为愚、斗之国；与马、恩所说的共产主义之国，大概是差以千里吧。

为了使问题清楚，先说明下列三点：

首先，清华大学，完全是教育科学技术的大学。十一月刘冰写给毛泽东的信中所说的毕业学生，连一册书都看不懂，这指的是看不懂大学生程度的科技的书。

其次，刘冰写这封信，不是个人的、一时的突发事件，而是文化革命一直积压下来的，现更面对一九八〇年追上先进工业国的要求，所不能不提出的问题。文化大革命，大学教育停顿了好几年，慢慢恢复后，实行毛泽东的新制度，即是由工厂及人民公社根据阶级成分推荐工农兵子弟入学，废止考试制度。思想教育，重于知识教育；在农村及工厂的劳动，重于在学校上课；从农工学习，重于从教师学习。并缩短在学年限，由学生与工农合编教科书等。这样一来，大陆各大学学生的水平普遍低落，与世界各国大学的学术差距，越拉越大，成为立国上的严重危机。由某报所引起的大字报的材料中，说刘冰们是"企图利用人民要把科学文化搞上去的迫切心情"的话来看，这一危机，也早为一般人民所深切感受到，而必须加以挽救。稳健派为了配合由明年开始的新五年经济建设计划，打算要把打烂了的教育，重新引上轨道，此理势所不能不做的事。

又其次，大陆上一切文教宣传机构，都掌握在江青手上。凡可以看到的言论，都是江青一派的夸饰诈蔑的片面之词。须通过分析去透视它。更应了解有无数与她相反的意见被抑压窒息。

二

照常情讲，刘冰写给毛泽东的信，他应当提到他们的政治局乃至中央委员的正常领导机关来讨论。毛不交给他们正常的领导机关来讨论、处理，而交给清华大学的学生由斗争来处理，这即足说明他的教育路线，得不到自己领导机构的支持。因为他的教育路线，不是仅为了解决工农兵子弟能上大学的问题，这在他们的体制下，是早经解决了的问题。而是要通过大学，训练出能与全党全人民为敌，以担当毛过激路线的横干的干部问题。

从《人民日报》的"清华大学工农兵学员茁壮成长"的极力

夸饰的文章看，可以发现下面的几点情形。

一、他们所强调的阶级性，是非常的脆弱。由工人及贫农所推选的无产阶级的学生，还"须要把转变学员的思想放在首位，工农兵学员以阶级斗争为主课"。要一年中"读了《列宁选集》第三、四卷，有的阅读了《列宁全集》第二十六卷到三十五卷几乎全部文字"。还要"到工厂、农村、部队广泛接触社会实际……和工农兵一起批评修正主义、批判资产阶级"。他们似乎不认为阶级性是由构成社会实体的阶级而来，而是由白纸黑字，及模拟他人的动作而来。所以他们不能不在大学教育中，费这样挂羊头卖狗肉大气力。马列心目中及实际上无产阶级革命的阶级性似乎不可能预先下这番精雕细琢的工夫。这要连系着毛路线之不能被绝对多数干部所接受来了解。

二、他们把科技与资产阶级连在一起，而不是与各种社会制度结合在一起。他们认为在科技上有成就的人，一定变为资产阶级。

三、他们只认体力劳动是劳动，不认学术研究也是一种劳动。这便把因学术研究而身心劳瘁的实际情形完全抹煞了。

四、他们对于科技，完全抹煞实验室的意义，也不以已经研究所达到的各层次的结论为出发点，而完全诉之于直接的局部的经验。

三

这篇文章为了夸张他们的成果，举出了水利系、机械系、电子系的效绩为证。他们只是把"实习"课程，代替了全部课程。

在机械系的例证中，叙述了毕业的八名学员和三名教师，在电焊技术上，压过了一部机器所自来的资本主义者的技术。恰好我有位年轻朋友，在香港生活无着，便学电焊谋生。移民美国后，又恢复电焊工作。他来信，对美国的焊工非常不满，认为远不及香港焊工的水平。该文所矜夸的例证，我怀疑和这位年轻朋友来信所说，是属于同一性质。但这位年轻朋友，乃是文科毕业的。

刘冰能当文化大革命后的清华大学校长，必然是在文化大革命中有表现的人。他对毛的意旨，对江青的权势与毒辣，会比任何人了解得清楚。然而他依然要对毛泽东上书，揭穿事实的真象，不是认为长此下去，必定葬送共党政权，便决不会出此。由对刘对周发动斗争的事实，可知毛不仅在人文方面，实行彻底的愚民政策，把孔子说成是奴隶制度的恢复者，即使在科技方面，也实行彻底的愚民政策，愚到清华大学的毕业生连一本书也看不懂。这说明他的过激路线，是与一切知识为仇的。他教给愚民的本领，只有"众暴寡"的斗。不惜牺牲国家前途，不惜牺牲自己党内有良心知见之士，以求达到拿八亿人民来作自己路线试验的材料。国家整个悲剧，大概谁也无法避免了。

一九七五年十二月十七日《华侨日报》

语言魔术下的"校长独裁制"
——评富尔敦中大调查报告书

一

中大的改制问题，扰攘了几年，现经富尔敦调查报告书的发表而进入到决定性的阶段。我奇怪的是，报告书说："我们提出的建议，对中文大学可说是个巨大挑战。"在常情上，中大为了应付此一巨大挑战，内部应当经过一番集体而审慎地研究后，才能作出反应。尤其是中大校长于一九七四年二月十二日，曾委出以余英时博士为首的"教育方针与大学组织工作小组"，此小组经热烈工作了一年多后，曾提出积极性的建议。此建议在报告中，已受到实质上的完全否决，在常情上，中大当局也应对此有所顾惜，但报告书一提出，李校长即"直接地反应"出"完全接受"。此无他，十多年来所追求的校长独裁制，经过此一报告而得到合法化的机会。

中大的三个书院，因新校舍的完成集中在一起，则在行政上应归于统一，这是无可避免的。各书院优良传统的保持，在教学方针及教师人选，而不一定靠独立的行政组织。而大学行政的统一，也决非等于校长独裁。李校长委出的工作小组，在人事上虽然经过他技巧的安排，但小组提出的两主要建议，是在一方面适应行政应趋向统一的要求，另一方面是根据他们亲身的体验，想挽救校长独裁的局势。而富尔敦报告，首先是在美丽无比的语言魔术下，完全否定了工作小组挽救校长独裁局势的苦心。

小组"加强教师治校"及"整合学系"的两项重要建议，报告书说"就值得我们全力支持"。但转一个弯，在（廿五）："假如一所大学以学术自由为前提，使发展计划超越合理的范围，则政府站在维护公众利益的立场，实无法不加以干涉。"（廿六）："大学的组织则应以能支持大学校长领导履行这项有关大学的整体责任为依归。"孤立地看，（廿五）（廿六）的话都有道理，但这些话都是针对"加强教师治校"而发，我也承认教师治校，有若干困难。但富尔敦爵士，不从小组之所以提出此种建议的具体背景着眼，却对工作小组所要挽救的，却全力去加以助成；语言魔术虽高明，但终掩盖不了事实。

二

小组建议的"整合学系"，用意是在使整合后的学系，有较大的主动性。把整合后的学系，按照三个书院的传统加以配置，使三个书院依然保有实质的内容，这也是对校长独裁不利的。报告书在（三五）提出"任何不必要的分隔开显非明智之举"的堂皇理由，对此加以完全推翻。试问：（一）在三间书院校舍还未集中在一地时，今校长已将三个书院中的理学院的教学，从各书院的整体教学中分割出来，实行"科学馆"的孤立教学，此时此地的（三五）的理由到什么地方去了？（二）按照小组的建议，则三间书院成为"实质的书院"。这在世界各统一制的大学中，各学院在一个大家庭之内，何以便算是"徒然妨碍自然的学术交融"？在报告书中，为了使文学系不能保持学术独立自主的基本要求，而假"通识"之名，抹煞适应学术分科的事实，未免做得太过了。

报告书在（九四）说"我们极力建议保留及加强联邦制"，这是很符合若干人的愿望的，但在建议中，不说各书院的人事、财务、行政的一切权力，都完全剥夺了，连规定书院应对学生负责，却把"对学生的评判"的资格也完全取消了（见六六），然则联邦制是如何加强呢？这里更表现出报告书的高度语言魔术了。

报告书把大学教育的方法，分为"学科为本"及"学生为本"的两人类。所谓"学科为本"，即是一般大学中传授知识的教育。所谓"学生为本"，不是说学校的一切起心动念，用人行政，皆以符合学生的真实利益为最高准绳的意思，而是"导师制"的新名词。报告中对导师制的好处，作了精彩的发挥，我都十分赞成。但报告书所以在此一久为人所共知的导师制上大做文章，为的是把这个导师制分到各书院去负责，使争取联邦制的人士，尝到甜甜的味道，而非承认这是加强了。但我要问，实行导师制，加强导师制，是整个大学教育中分派给教师去做的。为什么要有书院的组织夹在中间？写报告书的人大概也想到这一问题，便说出书院乃是"以学生为本教学法的媒介"的话。在大学——导师——学生之间，为什么要这个媒介？三个书院即使愿意扮演此一"媒介"，但在事实上又如何"媒介"法？这不是玩弄语言可以了事的。我想不出如何去"媒介"，大概他人也难想出。要取消联邦制，便干脆取消好了；在语言魔术上是"加强"，而在事实上是"取消"；这种不光明正大的方式，不应当用在大学教育上。

三

　　问题还不止此。今日办大学，经常遇着非仅凭压力所解决的问题，多是来自学生方面。报告书所以把抽空了的书院组织，夹到与导师制本不相干的中间去，是让校长可以过独裁的瘾，但决不分担由独裁所惹起的麻烦。譬如报告书中承认学生的伙食是很难搞的，这本是行政方面的工作，却巧妙地交由书院负责，而成为三个书院中唯一的具体工作。并且以最近《沙田新闻》事件，坐直升机上去的重要负责人之一，向一部分学生捏造出"与外界政治性勾结"的谣言，以挑拨起学生的内哄为例。这些坐直升机上去的人，为了加强独裁，打倒异己，会在学生中经常使用这种放火手段的；因为救火责任是在书院而不在大学本部，同时放火易而救火难。报告书的"加强联邦制"的妙着，是让大学本部放火，由书院救火的设计，未免太毒辣了。

　　独裁不论大小，用的手法总是相同。第一，先在涉及的人员中，找出"我的人"与"非我的人"，以作一切措施的基本。第二，把"我的人"用直升机提上去，或用直升机的方式把"非我的人"变为"我的人"，使其感恩图报。第三，以"我的人"排斥"非我的人"。中大十多年的历史，以至最近的《沙田新闻》事件，难说不是证明这一点吗？

　　报告中的语言，若不从它的背景来分析，有许多是可取的。但也有表面说得漂亮，而实际是很糊涂的，有如"一所大学，如果不比时代先进二十五年，便是赶不上时代"这类的话。我所以写这篇不会发生影响的批评，只表示"莫谓秦无人"而已。

　　　　　　　　　　　　　一九七六年六月八日《华侨日报》

如何抢救香港中文大学

有位署名为"小市民"的，写了一篇《十个为什么》的文章，他的动机是："似乎自有大学以来，从没有阁下（李校长）此刻所领导的中大丑闻那么多。连我的子女，都日夕引为笑柄。"他于是忍不住，向李卓敏校长，提出了"十个为什么"。

富尔敦的中大调查报告发表后，中大正面临着全面改制的关头，恩恩怨怨，是是非非，自所难免。我们不应落在恩怨是非的圈子里面，随声附和，以致治丝愈棼。应站在恩怨是非的圈子外面，作冷静的观察、评判，以便为中大找出一条出路。例如某报有段新闻说：

> 廿九年前，主子本人李校长原是一名通缉犯。他犯了大贪污案有证有据，在某埠坐了一天牢。
>
> 保释后只过了一次堂，毛伯伯的红兵就打到某埠；他乘着天下大乱，一溜了事。

上面的文章，未免说得太重了。李卓敏先生当善后救济总署副署长时，的确是因贪污一案弄得几乎脱不了身。但他当时找上一位政治中的红人，又在上海挂律师牌的某先生（现时也当大学校长），向这位先生流下了眼泪。这位先生深受感动，便为他出面奔走弥缝，得以不了了之。这是我亲自听来的第一手资料。所以我认为上面的一段文章，说得太重了。

李先生常常向他的好朋友讲：王宠惠先生曾经称许他是宰相才，我相信这是真的，但王先生这句话，却把李先生害苦了。自从秦始皇正式设立宰相制度以来，一直到清朝的内阁大学士，当宰相的大概有五百人以上。其以存心正大，定国经邦的，数不出二十个人。其余的所谓宰相才，都是些诒上压下，舞权弄术之徒。李先生似乎即是以这样的"宰相才"来当中大的校长。这便害了中大，也害了他自己。

中文大学的联邦制，是在十三年前由富尔敦所提的建议奠定的。李先生来当中大的校长，是来当联邦制的校长。但他从到任之日起，没有一天不是用尽一切方法来破坏联邦制。在他破坏联邦制的过程中，每遇到三院的抵制时，即示意说，这是港府的意思。英国是重法治的国家，岂有一面建立联邦制，同时又示意给校长来破坏联邦制之理？最好富尔敦的调查报告，居然称颂李校长破坏联邦制的成果，并顺承李校长的志愿，建议改为"校长独裁制"。我不愿因此指出富尔敦爵士，不过是一个孔子所说"乡愿，德之贼也"的乡愿，没有资格对大学教育提出意见，但我可以提醒一点：以十三年的时间，破坏他们应当担负责任的制度的人，是不能遵守任何制度的人。并且李校长十三年以舞权弄术所建立的校本部，也是使任何制度不能发生正常作用的校本部。简捷地说一句，李校长在中大多留一日，只有使中大多沉沦一日。

因为中国千年的科举遗毒太深，国民之中，以士最为无耻。今日学校教育，尤其是大学教育，要由有人格尊严的上一代，培养下一代的人格尊严。李校长为了破坏联邦制所采用的手法之一，便是诱引各学院中缺乏人格尊严的教职员，以作他的耳目，制造纠纷，这便助长了以出卖人格代替研究与教学的风气。他更以浪费的方式，大量扩充适合于他的胃口的校本部的高级教职员，在"讲座制"及"院际课程"掩护之下，向各院渗透、淆乱各院的立院方针，分解各院的完整性。所用的这种高级教职员，即是报纸上所报导的"中央级的人物"。而报纸上所报导的一切丑闻，皆出在这些中央级的人物身上。兹摘录数项以作例证：

一、"更有夫妇同享教授待遇的美谈。太太替主子（校长）管银钱，也给主子赚黑钱……当然有这样的权贵太太，做丈夫的岂有不发达之理？他在太太提拔之下，成了名符其实的教授。遗憾的是没有学生选他的课……去年开封府包青天接到民间密告，准备调查，这对夫妇，立刻脚底抹油，溜到国外去过豪华生活去了。"另一报导可作补充："又如一位洋历史教授，夫凭妻贵。由于天生一副老而弥笃的精力，竟然由太太介绍女文员给他解决问题。而这位女文员，也就扶摇而直上。""但妙在管理全校财政十年之洋总务长太太，何以突然在三两月间与其夫（西洋史讲座教授）双双辞职，一辞就飞走了。本来公务人员双双辞退，至少六个月，而大学人事任免，更要在一年前安排。尤其总务长何等人物，岂有灵感一到，说走就走？于是人言可畏，说是'贪污性的撤退'，正如'内线绝缘法'……"

二、有位教授，把英国某大学图书馆藏的甲骨借出来带到香港，据为己有，并曾公开展览，又出卖一部分。后被原图书馆发现，"透过政府追讨，这个贼教授，才乖乖吐出赃物"，并预支退休金，赔偿出卖部分。这位教授已由中大某书院退休后，再由李

青年与教育

校长聘为校本部教授，派到另一书院充当中文系主任及中大文学院长。而这位教授，既不能研究，又不能教课，开课也没有学生去听的。①

一九七六年七月九日《华侨日报》

---

① 原编者按：本文在《华侨日报》只登上篇，翌日撤销登载，报馆并刊出公开道歉启事，对文中引述某报对于李卓敏之报导，声明郑重更正，并致歉意。

大学联考怎会有这样的国文试题

从今天（七月二日）《中央日报》上，看到今年大学联考的国文试题是"仁与恕互相为用说"，使我非常惊讶！怎会对高中毕业生出了这么个在内容上既糊涂而且又不通的试题呢？

凡说"互相为用"的，总是具有两个对等的、平列的，而在内容上又是异质的观念而言。例如《论语》上的"仁"与"知"，是两个对等的、平列的，而内容又是异质的观念。"樊迟问仁，子曰爱人。问知，子曰知人。樊迟未达。"樊迟之所以未达，是以为知在知人之是非善恶。对于非者、恶者，绝不会去爱他，因此以为"仁"与"知"是不相容的。孔子再告诉他说："举直错诸枉，能使枉者直。""举直错诸枉"是"知"，"能使枉者直"是"仁"。这说明"知"也可以达到"仁"的目的。此即"仁"与"知"，可以"互相为用"。孟子的"仁"与"义"，也是如此。

"推己及人之谓恕。"恕的消极的一面是"己所不欲，勿施于人"，积极的一面是"己欲立，而立人；己欲达，而达人。"恕是仁之一端，是仁的一体。仁必然包括恕，而恕不能包括仁。由此可以了解，仁与恕，是上下层级的观念，不是对等的、平列的观念，是同质的观念，不是异质的观念。

具体而言，恕是实现仁的一种工夫。所以孔子向子贡说："夫

青年与教育

仁者，己欲立，而立人，己欲达，而达人。能近取譬，可谓仁之方（工夫）也已。"又："仲弓问仁，子曰，出门如见大宾，使民如承大祭。己所不欲，勿施于人。在邦无怨，在家无怨。"实现仁的工夫不仅是恕，孔子在这里还指出了敬，指出了反求诸己。而"己所不欲，勿施于人"，正是恕。所以说恕是实现仁的最切近笃实的工夫，《中庸》："忠恕违（去）道不远。施诸己而不愿，亦勿施于人。"朱子引张子所谓"以爱己之心爱人，则尽仁"以作解释，所以"违道不远"之道，即是指仁而言。

程、朱对孔子对所谓一贯之道，皆失于求之太高，反因而失之太泛。实则一贯之道，指的是仁。曾子谓："夫子之道，忠恕而已矣。"是指仁的工夫。为仁的工夫，同时即是仁之一端、一体，仁之一个层次，所以，理学家便有"即工夫，即本体"的说法。

仁发而为恕，不能说仁为恕所用。以恕为实现仁的工夫，则仁是目标，恕是达到目标的途径、历程。若不考虑到工夫即本体的问题，则可以说途径、历程为目标所用，但不能说目标为途径、历程所用。说仁与恕互相为用，是把仁与恕看成两个对等的、平列的观念，把仁与恕的内容，看成是两个异质的观念。在这一说法的后面，实在是既不了解孔子所说的仁，也不了解孔子所说的恕。如果这样下去，显然就是歪曲了孔子所说的仁与恕的思想本源了。

试问，以这样糊涂乃至不通的题目来考试高中毕业的学生，这叫学生怎样作答？怎样发挥申论？而在阅卷的人，又是能凭什么标准怎样来评分呢？

我过去曾经说过，不容易作明确解释的，不宜作为考试的题目。自己没有懂清楚的，更不宜出考试题目。我根本不知道今年

出这个题目的是哪位先生，所以决扯不到人事问题上去。而只是
有点为中华文化复兴运动难过，为几万考生呼冤。因此，我虽身
居海外，仍然要写这篇"读者投书"，提请出题的先生注意，希望
这位出题的先生，应该好好地虚心反省一下！

一九七六年七月二日于香港旅次

一九七六年七月十五日《中华日报》

青年与教育

孔门师弟

——本文系为香港封闭金禧中学事件而作

一

在这篇短文中，我不谈孔子的教育理想及教育方法，而只谈他和他的弟子间的关系。这是教育上最基本的考验。

我国历史中，孔子是第一个以平民身份而展开了大规模教育工作的人。依神托鬼，即在现代，还是容易取得社会信仰的途径。但孔子在两千五百年前，已经"不语怪力乱神"，他不谈事鬼的事情，不谈人死后的情形，他也不在鬼神的有无上驰骋智慧，因为这都是难于设证的，而是采取"敬鬼神而远之"的最平实合理的态度。所以他是一个现实世界中的现实的人。"吾少也贱"，曾为委吏种田以谋生，所以又是在政治和财富上一无凭借的人。世界创教主的门徒，是来自神、佛的呼唤。而孔子的弟子，则是来自一个平民身上所发出的人格、学问之光，这在两千五百年前的难易之势，很容易分辨的。

在先秦的有关典籍中，说孔子有三千门弟子，七十二贤人。今日可以考见确实姓名的，有七十七人，这是比世界任何创教主的门徒多得很多的数字。这七十七人中，有少数是贵族，多数是社会上各行各业的贫贱之人，所以《说苑·杂言》有人问子贡，"夫子之门，何其杂也"。从可以考见的六十一名弟子的籍贯说，当然以鲁国的最多，其次是邻邦的卫国齐国。此外，陈、秦、楚、宋、吴、晋各国都有，这在当时不是一件容易的事情。孔子对于弟子性格的评价是"不得中行而与之，必也狂狷乎。狂者进取，狷者有所不为也"，这两种人都是个性很坚强突出的人。他心里所眷念的，就是这种小伙子。"子在陈曰，归与归与，吾党之小子，狂简，斐然成章，不知所以裁之"。他对"非之无可非也，刺之无可刺也"，"同乎流俗，合乎污世"的"乡愿"，则认为是"德之贼也"。这和落后地区所要求的学生，完全相反。因为孔子一切是为了弟子，是为了培养担当人类各种责任的人才。而落后地区，则一切是为了教育者的欲望，是为了培养落后地区所需要的奴颜婢膝的奴才。

二

孔子这种私人的庞大而复杂的教育团体，不仅没有出现过叛徒，而且他们师弟之间的感情的纯笃，由下面的故事看，可以说是古今中外不能举出相提并论的其他例子。在弟子中，和他抬杠抬得最多，挨骂也挨得最多的莫如子路。"公山弗扰以费畔，召，子欲往"，遇到子路的反对。"佛肸召，子欲往"，也受到子路的反对。孔子和卫君的一位漂亮而风流的夫人——南子，见了一面，"子路不悦"，迫得孔子向他发誓。孔子主张"正名"，他便批评"子之迂也"。孔子认为子羔的学问不够，不能"为费宰"，他便反驳说："有民人焉，有社稷焉。何必读书，然后为学。"这种学生，早应迫令退学。但孔子针对他的个性，教导了他，抑制了他，鼓励了他，也大骂过他两次。《论语》"闵子侍侧，訚訚（和悦）如也。子路，行行（刚强）如也。冉有子贡，侃侃（正直）如也。子乐（孔子以他们所表现的不同气象为快乐）。曰，若由（子路）也不得其死然"。最后的这句话，流露出他对子路是如何的关爱。后来子路果然死于卫国蒯聩之乱，"孔子哭子路于中庭。有吊者，而夫子拜之（为子路的丧生），既哭，进使者而问焉，使者曰，醢之矣（砍成了肉酱）。遂命覆醢（把家里佐食的醢倒掉）"。"孔子之丧，门人疑所服（师弟无丧服之礼）。子贡曰，昔者夫子之丧颜渊，若丧子，而无服。丧子路亦然。请丧夫子若丧父而无服"（以上皆见《礼记·檀弓》）。《孟子》记这段事说："昔者孔子没，三年之外（三年心丧已满），门人治任（行李）将归，入揖于子贡，相继而哭，皆失声。子贡反，筑室于场，独居三年，然后归。"这种师弟的感情是与庄子所说的"精神"融合为一的感情。孔子之教，能成为中国文化的主流，即是这种感情与精神融合所凝铸的自然结果。

三

上面所说的感情与精神的融合，不是凭孔子的"诲人不倦"所能解释的。我认为主要是来自孔子的人格，有如透明的水晶体，对人一无遮蔽，一无掩覆，凡与他接触的，随接触者自己的识量，即可看透能力所能达到的孔子的人格世界，因而进入于孔子人格世界之中。于是孔门师弟之间，是人格与人格，直往直来之地。因此，相互之间，才能有彻底的了解。通过这种了解，弟子对孔子，才有自然的亲和、自然的信赖。孔子对弟子，才自然会因材施教，才自然会教得恰如其分。在教中有原恕，在原恕中有教。一部《论语》，都可为我的说法作证，此处不必列举。

孔子人格所以成为一个透明的水晶体，是因为他彻底的无私，是因为他永恒地上达，是因为他言行内外的完全一致。他对人还须要什么遮蔽、掩覆呢？他说："二三子，以我为隐乎，吾无隐乎尔。吾无行而不与（关连）二三子者，是丘也。"陈亢曾经向孔子的儿子伯鱼问："子亦有异闻乎？"子鱼的答复，他的父亲只抓住机会，要他"学《诗》"、"学《礼》"。这与孔子教任何学生没有一点分别。陈亢由此而说"君子远其子"。实则在孔子心目中，弟子和儿子是一样的，所以，在教弟子时不会少给点什么，在教儿子时不会多给点什么，而只是恰如其分。

通过《论语》看，孔子生活的每一部分，都为他的弟子所知闻，所了悟，所纪录。"颜渊喟然叹曰"的一段，是对一位"无限存在"的完整人格作了有层次的描述，这不是一般学生所能做到。但对生活各部分的描述，我相信这是许多弟子所能共见共闻的。对"子绝四，毋意、毋必、毋固、毋我"及"子以四教，文行忠信"这类大端的把握，我觉得很容易。对"子之燕居，申申（舒展）如也，夭夭（愉悦）如也"，"子温而厉，威而不猛，恭而安"的这类极寻常生活，而能作这种亲切、深刻的把握，这不是人格的直接照面，便无法做到。《乡党》一篇，完全是孔子日常生活的纪录。我相信，世界任何伟大的教主、哲学家，没有谁能让他的门徒学徒，写下这样多的日常生活的具体情况，因为他们都有为门徒学徒所不能触及的地方。孔子的人格世界，是毫无保留地让他的弟子直往直来之地，怎么会有叛徒的出现呢？倘若觉得自己弟子中有大量不堪受教的叛徒，而须用政治压力来为自己作保护的人，应当对自己的人格，作起码的反省。

一九七八年五月二十三日《华侨日报》

国族无穷愿无极，江山辽阔立多时

——答翟君志成书

一

志成同学：

你九月二日给我的信中说："大陆今天的政局变得慢慢恢复了一点点信心。十多年来的相砍，尸横遍地，血流成河，才换回这么一点进步，中国人的命真苦。"你又认为中国现在是处于思想真空的时代，邓小平的白猫黑猫，"只能作一时的修修补补"，不能奠定千百年长治久安的法制。这种法制的奠定，需要有大政治家而又兼大思想家者出来担当；但这种人"必然不会出现在被马、毛教条僵化了思考能力的中共统治阶层内部"。以你在文革中的亲身体验，及在海外爱国之深，谋生之苦，和学问上荡决无前的勇气，是够资格说出这些话，够资格提出这类问题的。

你认为国内没有大思想家，在海外华人中"够得上称为思想家的，恐怕还不到五位。唐师（唐君毅先生）博大，牟师（牟宗三先生）精深。可惜其思想是关在象牙塔之内，与社会甚少发生关系；而真能了解其真义的，又能有几人？"更说："老师（指本人）与唐、牟师之学，有同有异；又有参与最高决策的经验，是住在象牙塔内，又日日走出塔外的人……请老师试为大陆的千百年法制，规划一幅蓝图。这些年来，在老师笔下，集中刻划了陆贾、贾谊、董仲舒等以宏大气魄创制的大思想家、大政治家，其中有一股要为今人创制的勃郁之气，常在字里行间，喷薄而出……当然，老师的蓝图……可能在中国大兴土木时，老师已经不能亲眼看见了；然而，成功不必在我，使他们能在摸索中，少走些冤枉路，让中华民族子子孙孙能受其泽，岂不也是老师的抱负吗？"

上面有关我的期待，是你在四顾苍茫，无可奈何中所讲出来的，不知不觉地把我作了过当的评价，只增加我内心的惭疚。但你的话，也未尝不增加我的一番感慨。

二

梁任公先生，是真正中国启蒙运动中的一位伟人；他品格之高，性情之笃，学养之深，胸怀之大，实在五四运动中特起的一批人物之上。中山先生早年有意与他合作，卒为国民党中狷狭之士所阻。他有首自述怀抱的七律，首联是"置身甘作万矢的，立论常期百世师"，末联是"世界无穷愿无极，海天辽阔立多时"；这是我三十年前，常常吟讽不置的一首诗。唐先生死后，从印出的墨迹中，我才知道他也爱此诗；但不知他是爱此诗的全首，还是只爱此诗的最后两句。我的品位，没有他两位先生的高大；站在海滨一角，不是面对海洋，望向整个的世界，而常是回首四顾，望向故国的江山。我的气格，不能昂首望天，而只能低头望地，望看地上辛苦生活的袍泽。所以我大胆把任公的两句诗改写"国族无穷愿无极，江山辽阔立多时"；这样一改，有损于原作由浩气玄思而来的美感。并且我也意识到我们的国族，与整个的世界是不可分的；但是自己国族长期所遭遇的不幸，不能自已的悲悯之情，自然较之对其他国际问题，远为迫切。儒家的"爱有差等"，这是顺乎人情的自然。所以，我不嫌假任公先生笔墨之灵，点金成铁，以表达我难以名言的情感。

长期受儒家思想熏陶的人，他的起心动念，自然直接落在国家人民的身上，而不能被一党之私所束缚，这在把"党"压在"国"的头上而称为"党国"的今天，是无法使人理解的。儒家的理想，是通过现实，涵融现实的理想；所以凡是对国家人民，只要在比较上有点好处，便不惜寄与以同情，而不愿以国家的危机，人民的痛苦，作为渺茫的政治资本；这一点，也难得到掌握权势，依附权势者的了解。前年春，我正不断发表文章，猛烈批评江青集团的时候，有一次我和牟宗三先生在聊天中说："我写这些文章，有两个心愿：一是要使孔子恢复文化中应有的地位，二是要使中共走上以狄托为代表的修正主义路线。我虽然没有这种力，但不能没有这种心。"当时牟先生笑了笑说："你两个心愿很不错。"这两个心愿，现在似乎有了点端绪；但只是端绪而已，前途还相当辽远。

三

你提到法制问题，这的确是一个根本问题，同时又是一个迫切问题。法制的纲维是宪法，这里便有一道关卡住。到底是宪法领导共产党，规范共产党呢？还是共产党领导宪法，规范宪法？五届人代会通过的宪法，较之四届人代会所通过的，有了一些进步；但共产党领导宪法，规范宪法的情形，依然未变。这样一来，便根本失掉了宪法的客观性、独立性。中共虽也表现了若干要加以贯彻、实行的意欲，实际上只能有政治局决议案的功能，而不能有宪法的功能。

客观而独立的司法体制，这是保障人民安全，发挥人民生存意欲，抑制农村广大干部欺压农民的起码而必需的条件；中共似乎也注意到这一点。但要他真正做到，便不知要到何年何月。试举共产党用作对外宣传的两个例子：

一个例子是上海今年有了第一次的法庭审判。有位工人偷了一吨多的工厂物资，被发现后交法庭审判。审判属实，经过陪审团的会议，认为（一）此工人系贫农出身，（二）他坦白承认，（三）又愿意悔改；所以让他继续工作，将功赎罪，不与判刑。在这一宣传资料中，能发现中共党人，有半丝半毫的近代法律观念吗？

另一个例是济南的一处旅馆，不讲求卫生，并反抗卫生机关的劝告；经过国务院某位副总理的亲自处理，关门三天，算是纠正过来了。像这样的一个旅馆经理，可以在几小时内处理好的事情，而必需由省报告到中央，再由中央的副总理亲自处理，才得到解决；在时间上，大概要一个月；在职位上，大概要突破三级以上；准此以推，中国之大，问题之多，增设百位副总理，恐怕也解决不完。即使都能解决完了，在建国大业上，又算得什么？此无他，因为没有法制，没有体制的原故。其他不能用作宣传的，又该有多少？

四

　　法制，固然是当前的基本问题、紧迫问题，但民主政治，已有约略三百年的经验，它的不能出现，不在法制本身创制的困难，而在一切政治落后地区的专制者，都不愿有客观的独立性的法制的存在。对中共来说，则更有由僵化教条而获得特殊利益的人，常拿教条来阻挠合理法制的成立，或使其完全失效。你认为中共目前思想空虚，急于需要一种思想来填补，在这一点上，我和你的看法稍有不同。"实事求是"四个字，对解决问题，已有很大的概括性、实效性、开创性；在思想大泛滥、大混淆之余，活用二千年前汉河间献王的四个字，有破伪显真，一面澄清，一面推进的意义。目前不在缺乏什么伟大思想的架构，而在如何涤荡你所说的僵化了的马、列、毛教条。仅就此而论，便不知需要多少岁月才可以实现？

　　四人帮一被捕，我便指出，中共在长期偶像崇拜之后，首先需肯定、突出人民在政治中真正当家作主的地位。人民身受的利害，人民看到的是非，是考验一切思想，检定一切思想的最高准绳。决定中共一切施为的，应当都是为了人民。凡是人民不敢讲真话，没有方法讲真话，讲了真话而怕遭到迫害，或养成跟干部说假话的地区，都是来自反动性的领导，都要加以彻底摧毁。在人民意志之前，任何偶像都要扫进垃圾堆里去；这样才能"实事求是"。但一直到现在，中共里面，还有人表现为他们的一切，都是为了毛泽东，人民不过是为毛泽东而存在的。二千多年前，儒、道、墨三家的政治思想，都以不同的语言，表现出人民的"好恶"，是政治上的最高原理。毛思想在二十多年来，对国家人民，造成这样大的灾害，却还是闭目不看，满口不认，逼着大家继续作落后的麻木的偶像崇拜，这便把许多人的大脑机能，都给卡死了。有位从天津出来的人士告诉我：天津因大地震受到大破坏而未完全倒塌的住宅，所有什物，都随着住者的迁移而搬空了，留下的只有墙壁上的毛像。又有好几位告诉我，北京如饥如渴，在几家书局寻求可读性书刊的人们，决不向陈列得最堂皇的马、列、史、毛的书橱望上一眼。北京知识分子十多年来，心目中最没价值的报刊是《人民日报》和《红旗》；认为比较有价值的是《光明日报》，及《历史研究》这类的报刊。把人民与毛泽东的相关地位弄颠倒了，这是实事求是吗？

五

马克思因为工人是无产的，工厂的生产工具需共同使用的，但被资本家一手把持，他便在这里发现了实行共产主义的社会基础，因而自称为"科学的社会主义"。在此一构想之下，革命只有由工人阶级领导，工人当然是革命的主体。若果信守此说，则中国是"中间大，两头小"，工人阶级，更是小而又小的社会，根本不应出现共产式的革命运动。毛泽东以农运起家，以农村包围城市的战略取得胜利，则农民应在中共政权中，居于主体的地位，农民比工人更为辛苦，农民在内战中流出了最多的血，依常情来说，农民、工人的人格应当是平等的，在政权结构中的份量也应当是平等的。但中共现时宪法第一条，依然规定"中华人民共和国，是工人阶级领导的以工农联盟为基础的无产阶级专政的社会主义国家"。农民阶级何以不能与工人阶级居于"一字并肩王"的平等领导地位？何况他们早已没有私人的生产工具了。由此可知，农民的人格，是次于工人一等。

国家既是由工人阶级领导的，则各级政府人员，应当由工人自己选出。但工人阶级不能通过自己的选举来领导国家，必需交给共产党来领导，所以工人的人格，又次于共产党员一等。

由这种身份制的三级构造，同时即成为权利享受上的三级构造；于是权利的基本分配是来自于身份；在同样身份之下，才讲到劳绩，才讲到按劳分配；这和中国古代封建社会中贵族、士、农民的身份三级构造，完全没有分别。但中共手上有古代封建社会所没有的组织控制能力，却没有古代封建社会中的"礼"在三级中所发生的节制作用；于是中国今日的人民，在身份上隔了一级，便是隔了"无所逃于天地之间"的一重天。难怪今日的农民，第一志愿是想当共产党员，第二志愿是想当工人。一当到工人，便成为身份的世袭；整个社会的血脉，都给这种身份制冻结了。苏联新宪法，在形式上分明比中共合理，但中共不知反省，却要在这种地方去骂它。人格平等，是制定合理法制的大动力、大准绳；这种大动力、大准绳没有了，如何能出现合理的法制？

六

在原始部落中，语言与咒语是没有大分别的。对于某些语言，觉得含有神奇的力量，需要一直虔诚地念了下去，有如"观世音菩萨"、"主基督耶稣之名"一样。它的好处，使念的人毫不费力，即可当下获得安心感。坏处是阻挠了理性对客观真实的认识，阻挠了人类知识的进步。谁知中共今日，还保留了许多咒语。

从《毛选》五集看，他认为左也不好，右也不对，这应当是对的。但他的性格，是扶左而抑右。在国外，无不说四人帮是极左派，但中共今日却说他们是"名左实右"。这种说法的自身，是认为左一定是好而右一定是坏的。假定政治上左、右之分，是来自法国大革命时代议席的座次，则这只是偶然性的名称；三百年来法国的政局，左、右迭兴，在法国人民心目中，只问政策，不问左、右。若就中国传统说，汉以前尚左，汉以后尚右；左好右坏，违反了"约定俗成"的语意。其实左与右，都是政治上的一种符号。符号本身是无所谓好与坏的；好与坏，由人所给与符号的内容而定。现时认为左便是好，右便是坏，这是把左与右当作咒语了。

　　任何主义，要在现实中实现时，必然随空间时间的不同而有所不同；这种不同，说是"发展"或说是"修正"，在实质上并无分别。列宁修正了马克思，史达林修正了列宁，毛泽东也修正了史达林。任何主义的修正是必然的，只看修正得好不好。当一九六七年，中共正大骂刘少奇是修正主义，把修正主义和工贼、卖国贼连在一起时，我便觉得这是莫大的荒谬；便写了一篇《论修正主义》的文章，在《华侨日报》上刊出。四人帮骂他们政治敌人是修正主义，今日又骂四人帮是修正主义，这是把"修正主义"咒语化了。

　　最近左派报纸刊出胡乔木《必须按照经济规律加速现代化》的文章，这应当是一剂救时的良药。但他引用马、列、毛的几句话作开场白，由此以作为"必须按照经济规律"的前提，但我相信，经济规律，是由经济学家不断总结三百年来经济发展的经验，所逐渐提出，所逐渐证明的。马克思写了《资本论》，只在指出资本家对工人剥削的规律，这不是中共目前所需要的。"生产力决定生产关系"，这是他所提出的大规律。中共目前接受了这一大规律。但目前中共需要的是发展生产力的规律。列宁由战时共产主义回到新经济政策，只能说他是受到了不按经济规律的教训。毛泽东由人民公社、大跃进，到文化大革命"打破洋框框"，都是不信经济规律的铁的证明。胡乔木不顾事实上的矛盾，要借重列、毛的权威以增加文章的说服力。可以推想到，反对此一政策的人，更容易借重列、毛的权威以达到反对的目的。为什么不从三百年的经验来直接了当地谈经济规律，而须先陈列一套富有扰乱性的权威面具出来呢？因为中共内部有许多人把《毛语录》当作了咒语，等于和尚念经，不先念"净口咒"，所念的经，便没有灵验。

中共现在也提出了"思想解放"的口号。要思想解放，便必需由咒语进到以理性面对客观的观察、试验、思考之上。而解脱咒语的方法，中共自己也提出来了，"以实践检证真理"。我相信中共党内的"咒语派"，终究敌不过理性的阳光。

志成同学：上面我所说的，只不过是老生常谈，但这是经过我深思熟虑后所提出的老生常谈。唯一的目的，是要中共面对国家人民，把由教条而来的僵局救活。观念中的僵局救活了，合理的法制便容易出现。他们假定认为我说错了，不妨把教条暂时放下，把"共产党员高人一等"的念头暂时放下，作公开的讨论。

你认为大陆难于出现思想家，把希望寄托在海外。这一点，我并不同意。海外的知识分子，不得意的中共瞧不起；得意的多带有纨绔气、洋翰林气，他们只想沾上点中共关系为自己的名位增加一点光采。到现在为止，我还没有发现真正关切自己的国家人民，站在国家人民的立场，讲几句恳切的话的人。有位台湾中央研究院的院士，到大陆去走一趟，路经香港时，再三向我说："自由算得什么？"另一位院士，在北京只受到二等待遇，便以一切求情的方法，争取第一等待遇；这种学无根柢，及胸怀鄙恶的人，能从他们的一点浮薄知识中转出"为生民立命"的思想吗？当然我不应抹煞香港有位王延芝先生的存在，虽然他是智慧有余，悲情不足，但在今日的海外，要算是擎天一柱了。大陆的知识分子，假定把二十九年亲身亲闻亲历的情形加以反省，反省出所以出现"大乱"的原因，则一反掌之间，去伪崇真，为国家人民思考问题的思想家便大批出来了。解决人自身问题的思想家，本是从忧患中产生的。现时他们认为局势尚未稳定，可能又有一个大反复，所以大家还不敢把心中的话讲出来，以致引来反复后的杀身之祸。十月一日《人民日报》的社论，是一篇有意义的文章；在这篇文章中，表现出他们恳切求治之心，提出了思想解放的要求；并认为共产党员若不把国家的事做好，便是国家人民的罪人；这里面含有并非一当上共产党员，尤其是一当上了领导干部，在作为人的价值上，会超人一等的意义在里面。这应当算是一种转机。

记得在文革闹得最凶时，我曾向一位好友说："不管怎样骂，刘少奇在共党内的荣誉，终将恢复。我老了，可能不会看到。你年纪比我轻，你一定会看到的。"我在这里所表达的对国族无穷之愿，我自身当然看不到结论，但希望你及身能看到。当四人帮未被捕以前，有诚实可信的朋友告诉我，大陆知识分子，认为他们即将身遭亡国之痛。但我觉得不论如何，只是人民吃苦的多少长短问题，没有人能亡我们国家的。我这封公开信，也只算向你提出问题，供你思考的参照而已。

一九七八年十月十日、二十日、二十一日《华侨日报》

国族无穷愿无极，江山辽阔立多时

正常即伟大（之一）

一

从这几天的《人民日报》看，中共正以马克思主义的伟大的人、伟大的事业，激励他们的党员、团员；这种心境，是可以了解，值得同情的。中共目前所努力以赴的，即是一般所说的人的教养问题；我对此问题，试标举"正常即伟大"五字，作若干尝试性的探索。探索先从几个小故事开始。

在中共以专政、斗争来解决问题的过程中，被斗争者的遭遇，连猪狗都不如；活下来的绝对多数，成为寡廉鲜耻。斗争者的心态与手段，较豺狼还残暴；升上去的百分之百成为人面兽心。所以被斗争者与斗争者，都沉沦于"非人"的境地。延伸到文化大革命，轮到共产党员们斗共产党员时，劫后余生的少数领导人，才似乎有所反省，而宣称"不搞运动"。不搞运动，即是不搞斗争，连对江林集团的十恶，也以审判来代替，希望这是一个转折点，斗争在以后再不出现。我举的小故事，不从这种"非人"的斗争故事开始。

小故事之一，是许多年轻人曾告诉我，广州火车站卖票的效率，大概要比九龙红磡火车站低三倍或四倍。火车快开了，卖票

青年与教育

小姐还在与站在一旁的闲人东拉西扯，漫不经心。当她看到买票人的焦急情形时，常以不屑的神情反问："你嫌我慢吗？我就是这个样子。"这是最早听到，但一直忘记不了的小故事，不知现在是否如此。

小故事之二，一位年龄已高的朋友，要坐火车到新疆去看亲人，想买个卧车铺位，只得到"铺位早卖光了"的答复。上车后问列车长，原来有的是空铺位，很轻松地补钱买到了。

小故事之三，一位旅客在北京航空站买飞上海的飞机票，卖票的人员说："票已卖光了。"因为这个旅客有些经验，便再三情辞哀恳地请他帮忙，卖票人员似乎被感动，卖给他一张仅余的头等票。旅客上机一看，头等舱位只他一人，二等舱位空着十个以上。

小故事之四，一位年轻的美国人在北京排队买飞机票，好容易挨上了，卖票小姐刚刚拿起笔来画了一下，突然一言不发，搁下笔，挺着身走了，原来到了下午五点钟的下班时刻。这位年轻美国人只好唉声叹气地等隔天的机会。

小故事之五，南京的电话，还是由接线小姐（同志）接线。有位年轻人，拿起电话向接线小姐报了号码后，过了五分钟没有听到小姐任何回声，只好轻轻放下。过一会再接时，听到小姐大声责骂："你刚才为什么把电话挂了，不好好等？"这一回等了四十分钟，音讯全无，除了放下听筒外，再无办法。

二

上面的小故事，只能算是任意举例。这种情形，只能出现在大陆。封建社会中的土豪劣绅可能用这种态度对佃农，但对客人一般都很客气。资本主义社会，更讲究对旅客的服务态度与效率。每种社会，都有凶横而下贱的人，有如香港的贩毒、贩黄色及抢劫者。但这类人，决不会在交通通讯机构中露面。四人帮被捕，中共采取合理的开放政策以后，我不知听到多少令人难以置信的小故事。把这种小故事，和特权的横行、贪污的弥漫等联系起来，便不能不在文章中再三提出"人的危机"的严重性。

近年来，我向中共讲了不少的话，并且总感到话讲不完。但这两天抽空看了今年一月份《七十年代》刊出的《记黄山笔会》后，才知道我已经讲过的，或正准备要讲的，却于去年七月三十多位作家在黄山举行的笔会中，几乎都讲了。而且他们比我讲得更透彻、更痛切。因为他们是发自长期的亲身体验。例如邓友梅说：

> 黄山有个人字瀑，顶天立地写了个"人"字，应当成为作家的终身主题。文化大革命是一场空前的大破坏。最大的破坏是什么？就是把人的灵魂扭曲了，特别是把青年一代的灵魂扭曲了。他们中的许多人，不把别人当成人，也不把自己当成人，他们不知道怎样做人……

文化大革命何以会把"人的灵魂扭曲了"呢？笔会中的黄宗江认为"从根本上说，就是它（文化大革命）摧残人性！提倡兽性；不讲人道，提倡兽道"。黄的话已经说得够彻底了，我现在换一个角度来看此一问题。

青年与教育

三

　　"伟大的舵手"毛泽东，为什么要亲身发动文化大革命呢？假定仅仅为了夺权，可以不必发动那样大规模的破坏社会、破坏文化的运动。他之所以这样做，是因为他于夺权的同时，要实现他的"伟大事业"。为了实现他的伟大事业，就需要培养许多新的接班人，因此，他不断发出光芒四射、横绝太空的伟大指示，使他心目中新的接班人，都成为不仅是与众"不同之人"，而且是俯视于众人之上的"伟大之人"。可惜他的伟大事业，比在人世实现天国更为渺茫。他的伟大指示，也和放烟花一样，经过刹那的万花缭乱后，便烟消云散，使他的追随者两手空空，如梦如幻，不能不从云雾中跌下来。在生活上，跌得很惨的，就成为自暴自弃。在生活上不是跌下而是飘浮的，依然抱着伟大的残骸，以与一般人相接。五个小故事中的主角，他们都是来自"好成分"、"好家世"的共产党员，在生活上得到保障。于是她（他）们在残骸的陶醉中，不能把这些阶级敌人的旅客抓住狠斗一番，已感到气闷，还可以要求她（他）们把这些人当人来看待，为他们忠诚服务吗？她（他）们心里想"你们嫌我太慢"、"认为我太无礼貌"、"太无服务精神"，乃是来自你们的封建意识、资本主义意识的作祟，未免可怜可笑。

　　　　　　　　　　　　一九八一年一月二十八日《华侨日报》

正常即伟大（之一）

正常即伟大（之二）

一

何谓"正常"？正是正派，常是寻常。因此，所谓正常，是指正派而又极寻常的人所过的正当（去声）而又极寻常的生活。在正常以上的是"非常"，在正常以下的是"反常"，非常、正常、反常，各有不同的层次，此不具论。仅指出三个通俗名词中，寻常之常，是了解问题的关键。因为是寻常的，所以在时间上有较久的安定性，在空间上有较大的普遍性，动植物都是在安定稳定的基盘中，向上向前生长，人也是一样。但安定性、普遍性、稳定性的后面，若没有教育、修养的动力，便会停滞下来形成某种形态的惰性，每由此而激起非常或反常现象的出现。

"盖有非常之人，而后有非常之功"，这在中国已成为一般人所向往的两句口头禅。这也正合于中共所强调的"伟大"。但非常之人与非常之功，乃在某种"非常时机"中偶然出现。非常时机，常常是人类命运受到考验的危机时代。在危机时代由非常之人，建立非常之功，其目的与结果，应当是开辟一个新的安定时代。在安定时代中解决问题，都有大家所共许共知的方法手段，派不上使用非常手段的非常之人与非常之功。假定在安定的时代，或者是在追求安定的时代，而依然要社会大众，学习非常之人与功，结果只落得一场大话。广东方言把"说假话"称为"讲大话"，是很有意思的，凡是大话，结果必成为假话。以假话为教，势必从非常跌落到反常中去。这正是中共今日所遭遇的致命伤。

二

一月十三日《人民日报》有鲁言的杂感二则。一则是针对"有人说'毫不利己，专门利人'这个提法不科学"而发的。鲁言指出："白求恩同志不远万里来到中国，牺牲在抗日的战场上，前提是为了利己吗？董存瑞舍身炸碉堡，黄继光肉体堵枪眼，还有无数革命先烈，抛头颅、洒热血，连自己的生命都牺牲了，谋求的是什么样的自我利益呢？"鲁言提的三个典型人物都可以说是非常之人，做了非常之事，是值得敬佩的。假定有人以此为立身的祈向，毫不为己，专门利人，是同样值得敬佩的。但不能以此作一般人修养的准则，也不能以此扩大到国家的行为上去。毛泽东不顾自己人民的穷困，无条件地援助了巴尔尼亚这一蕞尔小国约三十亿美元，无条件地援助了越共二百亿美元以上，换得今天的反噬，诸如此类，就未必可敬佩。炸堡垒、堵枪眼，是战场上的行为。以战场上的行为来规律一般人在寻常生活中的行为，经常地要大家毫不利己，专门利人，这便成为一番大话。由反右以来，毛泽东不断发现了数不清的阶级敌人，运用最残酷的手段，整肃一次又整肃一次，并提出不断革命论，要整肃千数百年之久，就是为了他只愿留下"毫不利己，专门利人"的少数人携手进入到共产主义社会。被他整掉的几百万人，整得要死不活的一亿以上的人，我们不去提；单提为他执行整肃任务的江青及其他刀斧手，哪一个不是喝人血、吃人肉，以养肥自己的妖魔鬼怪？这是把非常之人、非常之事，由一二人推及大多数人，由偶然性推及成必然性，其结果，遂使"非常"跌入"反常"的血淋淋的教训。今日大陆上流行的彻底自私，以及许多迷信、浪费等等，都是由非常跌入反常的必然性的后遗症。

并且利己利他的问题，仅仅在观念上转，便容易"推类至尽"，而出现康有为大同思想这类天真幼稚的言论，遗祸无穷。考验这类言论的有效办法，还是孔子所说的"君子求诸己"，"是故君子有诸己，而后求诸人；无诸己，而后非诸人"的尺度。康有为最低限度不在西安偷宋版佛经，还可以原谅他是个书呆子。先把自己的妻子拿出来公，拿出来干黄色勾当，才可以主张公妻，才可以为黄色贩子作辩护。孔子的话，常可使许多学术政治的骗子立刻现底，所以大家通同一气要打倒他。

三

一月二十一日的《人民日报》，报导了"团中央召开省市自治区团委书记会议"，"加强青年思想政治工作"的要点。在要点中反映中共青年团员中的许多严重问题，亦即是我们说的"反常"的问题。要点中所要反对的崇洋（资）媚外、损人利己、一切向钱看、无政府主义、极端个人主义等，我认为都应当反对，主张"要广泛开展以讲文明、讲礼貌、讲秩序、讲道德、讲卫生，和提倡心灵美、语言美、行为美、环境美为内容的文明礼貌活动"。虽然提得"本之则无"，但这是很低调而切合实际的"正常"的要求。可是在两点上，把他们所期待的效果不能不打折扣。

第一，他们要"提倡共产主义的思想、理想、信念、道德、纪律，革命的立场和原则"，"要坚决反对和批判资本主义！"试问共产主义的革命立场和原则是什么？是由唯物史观而来的划分阶级及以阶级斗争为历史前进的唯一动力。中共今日青少年表现的"不文明"、"无礼貌"种种，直接是来自毛泽东的划清敌我、斗争为纲，间接是来自以"幽灵"自豪的共产主义。在现实上，中共所要求的，分明资本主义国家远胜过共产主义国家。中共却在观念上完全弄颠倒了。有位年轻的科技人员，回大陆走了一趟，看到大陆人的种种坏习惯，出来后大发牢骚，认为中国简直不可救药。不久他又到苏联走了一趟，回来后向朋友说："中国还是有希望，因为苏联人比大陆人还要坏得多。"当然，苏联没有经过毛泽东二十多年的大破坏，又能从附庸国吸收营养，所以在物质上比中共目前好得多。但在马列主义下培育不出正常的人，却是共同的事实。

第二，在上述正常的要求中，又来一个"学雷锋，树新风"的老口号，撑着非常之人的帽子，来学低调的、正常的文明礼貌生产，这便把有实践性的东西架空了。新华社上海二十八日电，报导了沪青少年扫雪维持交通秩序，"雷锋又回来了"的故事。我立即想起，十多年前，我向由美国回来的一位朋友，打听在台湾做了官后搬到美国去住一位人士的情形；这位朋友以鄙夷之色说："大雪后，各家门前马路的雪都扫了，只有一家经常不扫，便是那位仁兄的住宅。"由此可见不知道雷锋的绝对多数美国人，不仅扫的是"门前"，而是把门前马路上的雪都扫干净，早视为寻常生活中的细节了。何必喊"学雷锋，树新风"的旧口号，使人有些伤感呢！在一个正常生活占优势的国家，雷锋根本无用武之地。有什么"新风"可言。

一九八一年二月三日、四日《华侨日报》

正常即伟大（之三）

一

这一题目已刊出（一）（二）两篇了，有不少偏爱的朋友，认为还算有些道理，于是新春开笔写第三篇。

所谓正常，到底指的是些什么具体内容呢？这是不太容易解答的问题，假定我们不是唯物史观的决定论者，便得承认同一时空、同一生活条件，也可以发生许多不同的人生态度和生活方式。何况时空与生活条件是不断在改变。在许多不同的态度和方式中，何者是正常，何者不是正常，乃决定于大多数人心的所安，及生存的需要。而所安与需要，常须接受历史的考验。所以提出者常是一二人，而判决者则是社会和历史。因此，正常必具备有社会性、传统性。就中国说，只能以孔子之教为代表。而孔子之教，应以《论语》为代表。

由柏拉图传统下来的西方哲学家，对老子有兴趣，对《论语》没有兴趣。依傍西方哲学门户来讲中国哲学的人们，可以讲老庄、讲《中庸》、《易传》，不能讲《论语》。即使是推崇孔子的人，内心也瞧不起《论语》。熊十力、方东美两先生即是显例。他们忽视了一个根源的基点，孔子不是为了满足个人"知的喜悦"而发心，是为了解决"吾非斯人之徒与而谁与"的人类生存问题，为解决一切问题的基础而发心。人类生存问题很多，但为每一个人所需要，并且又为每一个人自己可以做到的，是正常的生活。由孔子之教所开辟的世界，是现实生活中的"正常人"的世界；是任何人应当进入，也可以进入的平安的世界。人能进入到柏拉图的理型世界中去吗？能进入到黑格尔的绝对精神的世界中去吗？除非是精神病患者。所以，若是站在人类具体生存的要求上来看哲学，则一切唯心、唯物之论，都是形而上学，都是戏谈、怪说、无赖、无聊。

二

"正常"，是"现成"的，也是开辟、建立的。站在中国文化的观点说，一切正常之道，皆为每一个人的心性所固有，都是顺乎人的心性的自然而发，所以是现成的。但事实上必须通过"自觉"或"被觉"的一关，心性所涵的善端才可显现。因为是"正常"的，便必然是善而不是恶。自觉与被觉，开始于人禽之辨。人与禽兽都是动物。从动物中觉到人应有别于禽兽，由此以开辟出"人道"，建立起"人道"，这才有正常可言。人禽之辨的另一种表达语言，即是君子、小人之辨。孔子对正常的开辟、建立，用的是君子与小人之辨。例如"君子周而不比，小人比而不周"、"君子喻于义，小人喻于利"等，不一而足。他对新兴的"士"的要求，都是期待他们成为一个君子。他说："君子耻其言而过其行"；通过一部《论语》，都贯彻着"言之必可行也，行之必可言也"，"君子欲讷于言而敏于行"的实践（行）重于宣传（言），宣传必本于事实的要求，这是毛泽东们怎样也吃不消的要求。孔子非常重视忠信。朱元晦的解释是"尽己之谓忠，以实之谓信"。《论语》中说了三次"主忠信"。又说："言忠信，行笃敬，虽蛮貊之邦行矣。言不忠信，行不笃敬，虽州里，行乎哉。"中共可不可以用上面一段话，针对着目前的现状思考一下呢？胡耀邦们目前所遭遇到的最根本问题，是比较合理的想法、做法，在他们党内却行不通的问题，这岂不是二十多年来"言不忠信，行不笃敬"所积累的总报应吗？孔子又说："居处恭，执事敬，与人忠，虽之夷狄，不可弃也。"孔子说"君子食无求饱，居无求安"，今日搞特权的领导人，到底是君子还是小人呢？对青少年说，孔子要求"弟子，入则孝，出则弟；谨（行）而信（言），泛爱众，而亲（亲近）仁。行有余力，则以学文（读书）"。自五四以来，把孝弟说成是封建道德，但经过二十多年的彻底破坏后，为什么今天又半开门地承认孝弟的意义，并且提倡"和睦家庭"呢？假定中共的团员能依照上一段话去做，岂非马上可以面目一新？上面举例的话，贯彻于整部《论语》之中。而这类话的意义，通过中共的遭遇而更显。此之谓可以通于万人万世的正常之道。

三

应再进一步指出的，正常之道，是"动态"的，而不是"静态"的，因为人是一个生命体。正常或反常，都紧密地与生命连结在一起。生命不是成长便是陨落。孔子说"君子上达，小人下达"。作为一个实践正常之道的君子，实践的历程，自然会成为向上成长而上达的历程，孔子说出他自己的经验，即是"下学而上达"。作为一个反常的小人，他反常的程度，自然即是向下陨落而下达的程度。以正常为基点，人是可以上下自由移动，所以它是动态的，而且移动向上，上是无限的，无限到希圣希天。移动向下，下也是无底的，无底到连禽兽也不如。由"言忠信"、"与人忠"的实践，即自然升向"己欲立，而立人，己欲达，而达人"，升向"仁以为己任"，升向"大人者以天地万物为一体"。由"行笃敬"、"执事敬"的实践，自然升向"有杀身以成仁，无求生以害仁"，升向"临大节而不可夺"，升向生与义不可得兼时，"舍（捨）生而取义"。在这种向上升进中，含有庄严的"实践逻辑"性。上述升进之所至，中共可能承认与他们之所谓伟大相合。但实际截然不同。由孔子之教所成就的伟大，是与正常连结在一起。伟大即是正常。正常即是伟大。这是根基稳固的整体性的伟大。中共所提倡的伟大，是以非常为机缘的伟大，不仅是偶然性的突出，而且如前文所说，在非常中即含有跌向反常的危机，因为由"非常"通向反常的可能性，常大于通向伟大的可能性。

正常的动态，另一方面，表现在与新的乃至是异质的态度与方式的溶解、结合。任何民族，在历史的危机中，或在与某种新文化、新事物的骤然接触中，由情绪的激动，常发生反传统价值，反由传统价值所奠定的正常，提出抵抗性、反叛性的新态度、新方式。但正常之所以为正常，第一，必为多数人平静时的心性所能接受，而心性本是含有无限可能性的。第二，必合于个体与群体共同生存的需要，这也是随时间、空间的变化而增加或改变的。当传统的正常受到抵抗、叛逆时，势必逼出某种形式的反省。在反省中，上述两因素会产生选择能力，于是有的传统被淘汰，有的传统被再肯定；新的某一部分被淘汰，某一部分被吸收。由再肯定与新吸收的两相结合，即会形成新的正常，促成新的安定与进步。这是人类历史发展的大规律。

一九八一年二月十七日《华侨日报》

正常即伟大（之四）

一

　　我一切文章，都是针对病人开出的"处方笺"，而稍微带点"巢氏病源"性的医案。所以我现在并非用这种题目来刊出"中国哲学"的论著，第四篇即是结束篇。

　　或者有人问："你用正常两字，概括以《论语》为代表的孔子之教，过去是否有人这样作过？"我可以肯定地答复，有。孔子自己便这样作过。《论语》："子曰，中庸之为德也，其至矣乎！民鲜久矣。""中庸"两字，即是概括他的全部思想。不过以实践为主的思想表现方式，与以思辨为主的思想表现方式，有所不同，此不具论。我所以用"正常"两字翻译"中庸"两字，不仅是为使读者容易理解，而主要是为七十年来中国人对传统文化的自暴自弃，喜欢以"胡猜"代替"理解"，一看到"中庸"两字，便认为是"差不多主义"，而加以厌弃。《礼记》中有《中庸》上下两篇，对中庸之所以成立，及其功用之所至，作了"中国式"的理论陈述，但实践的具体内容，不仅与《论语》相通，而且应概括《论语》以为其具体内容。中是无过、无不及，恰合于人与事客观的分际，用现代语言表达，是不左不右的实事求是的"是"。庸合"用"与"常"以为义，是任何人当做，而且也能做的有意义的行为。用现代语言表达，是有社会性、大众性的有意义的行为。因为是中，才可成为庸，所以中与庸是一而非二。《论语》中有一浅显例子："或曰，以德报怨，何如？子曰，何以报德？以直报怨，以德报德。"以德报怨，因失其中而为一般人作不到。并且用相同的手段，以处理德与怨两种性质不同的事物，便失掉用合理的差别方法，以鼓励社会向善的意义。这是不能，也不可社会化、大众化的。雷锋的突出例子，可加以旌表，但不能作一般人的行为标准。因为用三千多万党员中仅能出现一个雷锋作一般人行为的标准，势必由落空而虚伪，由虚伪而反常。何以故？偶然性的突出行为再神化，也没有社会性、大众性。

二

《论语》中以"知（智）者不惑，仁者不忧，勇者不惧"总括君子之道；《中庸》即以知（智）、仁、勇为三达德（有普遍性、妥当性之德）。《论语》以"己欲立，而立人；己欲达，而达人"，"为行仁之方"；《中庸》即以"诚者非自（仅）成己也，所以成物也。成己，仁也（有仁的自觉），成物（己以外之人与事），知也（知己与物之不可分）"。《论语》强调"下学而上达"，《中庸》即说"辟（譬）如行远必自迩，辟如登高必自卑"。《论语》曾子说："夫子之道，忠恕而已矣。"《中庸》即说："忠恕违道不远。"忠、恕，两字是总缩诸德的人人应做，也能做的"下学"工夫、实践工夫。"上达"即在"下学"之中，即在实践之中。假定上达之所至，含有形上学的意味，这是与西方形上学迥然不同的大分水岭。

《中庸》："子曰，天下国家可均也，爵禄可辞也，白刃可蹈也，中庸不可能也。"这几句话是以政治、社会为背景来说的。其意义只有针对现代才能了解。百多年来，主张社会主义的以千万计，这是"天下可均"。逃避文明的嬉皮，以生命为儿戏的恐怖主义者，也成一时的风气。这是"爵禄可辞，白刃可蹈"。但要求嬉皮与恐怖主义者实践中庸的忠恕之道，当然不可能。至于在没有民主政治制度下的政治家，身处激流之中，而要求他们能"和而不流"、"中立而不倚"，不左不右地以迈向民主法治的政治的中庸之道，更是谈何容易。北京今日时收时放，摇摆混乱，不正是"中庸不可能也"的反映吗？"中庸不可能"而侈言"天下可均"，这即是毛泽东的"没有社会的社会主义"。

三

中共今日提出要建立精神文明，是对的。二十多年来，把革命变成人类历史中最广大而深刻的野蛮窟宅，在这种黑暗情形下，侈言四化，势必成为自欺欺人的一场大话。综合中共报纸的报导，在经济建设方面，领导者所提出的各种补救调整办法，几乎无不被他们的干部扭曲、利用为营私舞弊之资。在二十多年以前，即使是反对共产党的人，心目中也认为中共党员，在品德上是高人一等。时至今日，即使是赞成共产党的人，心目中也认为太多的中共党员，在品德上却低人一等乃至数等。邓小平、胡耀邦们若不能把党员的品德抢救回来，便只有坐以待毙。建设精神文明的号召，我推测，是在此种情势下逼出来的。

但建设精神文明，比建设物质文明更困难。买一整套工厂设备、技术，配上一组热心学习的人员，三五年即可生产。但一切学说、思想，必须经过长期实践的考验，进入于人的精神之中，与人的精神成为一体，乃可称为精神文明；不要误解以为"精神科学"即是精神文明。精神文明，是人类长期"从百死千难中得来"（王阳明语）的铢积寸累的产物，真正和汇无数细流以成巨川有些相像。但马列主义一套唯心、唯物、奴隶、封建、资本等格套，把积累的一切，都一齐在诅咒中截断了；所以共产世界里没有精神文明，是无法掩蔽的铁的事实。毛泽东更推类至尽，以惨绝人寰的斗争手段，不仅彻底消灭了社会的文化资财，并进一步全面地消灭、蹂躏了文化的有生力量，以达到他破四旧及打破洋框框的目的。他对中国的精神文明，可以说，做了灭子绝孙的工作，以致形成今日赤地万里、贫无立锥的悲惨境地。今日言建立精神文明，完全是从头做起。在这种情形下，依然悬出马克思——毛泽东——雷锋这一条孤寒而背反的单线，再使劫后余生的知识分子，摇头晃脑于马、列、毛的枷锁之中，以大言壮语、陈腔滥调、东闪西烁、帮闲凑趣等方法作弥缝之计，这能建立得起精神文明吗？

问题还在解放思想的问题。解放思想条件，第一，要允许人说真话，能说权势圈子里的真话；任何棍子，不准打在说真话者的身上。像周扬那种从厕坑里拿出的棍子，更应当永远缩在自己的怀抱里。第二，要从马、列、毛那一套枷锁中突破出来，针对自己的病痛和愿望，实事求是地与自己的传统及西方的传统，以虔敬而平等之心相见。然后"博学之、审问之，慎思之、明辨之、笃行之。有弗学，学之弗能弗措也……有弗行，行之弗笃弗措也。人一能之己百之，人十能之己千之"。这正是实践中庸之道所必须下定的工夫；也是中共里的所有知识分子，必须投下的长期努力。

一九八一年二月二十四日《华侨日报》

学问的历程
——《卧云山房论文稿》序

　　荀子认为人性是恶的，而学的目的，在于"始乎为士，终乎为圣人"。由士到圣人的历程，是生命转化、升华的历程。这在儒家，不是"观想"中的顿悟、渐悟所能达到，而需由实践的不断积累。积累的历程，即是生命转化、升华的历程。所以荀子特提出一个"积"字，以作学的基本工夫。他认为能"积善成德"，即可"神明自得，圣心备焉"。

　　现在言学问，主要是追求知识，和荀子所指的方向不同。但也必以积为基本的工夫；而积之久而又久，也可得到"神明自得"的境界，则与荀子所说的无异。有艺术创作上的天才，决无学问成就上的天才。并且即使具有艺术创作上的天才，但若无学问上积累之功，便最好和李贺一样，死得早；否则才气随年龄而消歇，势必有"江淹才尽"之叹。这便反映出积的重大意义。

　　说到积，一定是由一点一滴着手。朱元晦曾说："某年十四五，便觉得这物事（学问）是好底物事，心便爱了。某不敢自昧，实以铢累寸积而得之。"铢、寸，怎么能算作学问？但他是构成学问的材料。仅铢、寸这点材料，又济得甚事？所以需要积。积是与时间成正比例，时间愈久，在学问上便积得愈多。积是与生计、与世故成反比例，在生计与世故上费心得愈多，在学问上所积的也愈少。由此可知学问之积，不仅要由对学问的信心毅力而来，并且也要由生活的淡泊超卓而来。在这种地方，尽可由学力以窥见人品。断乎没有营营苟苟，而能积累知识，成就学问的。积的动力，还是朱元晦所说的，"心便爱了"的"爱"。假使一定要说学问上也有天才的问题，则有无天才，表现在对学问的爱与不爱。

荀子除了"积"的工夫以外，又提出"渐"的工夫。水慢慢浸透于某种物件之中，谓之渐；这是由外向内的浸润。荀子提出此一观念，大概是要人注意环境，注重亲师取友。但我可以把渐来深入一层去看，认为渐是积的消化。试以吃东西作比喻：假定一个人"积食不消"，此时积的食物是食物，与人的生命，两不相干，甚至可由此而得下胃病。食物消化了，有营养的被吸收，没营养的被排泄，于是积在胃里的食物，进入到自己生命之中，以坚强的生命力出现。学问基本表现在"识力"上，任何有关材料，到自己面前，都能判别它的分量，发现它的意味与问题；将零碎者加以合乎逻辑的贯通，将隐秘者加以自然而合理的显露；自己犯了错能反省出来；若经他人指出，便自然而然地以感佩的心情来接受、改正，此之谓"识力"。一个人所得知识的妥当性，决定于他识力的高下。识力高的，也可比拟为荀子所说的"神明自得"。这一境界，主要是来自以渐来消化所积的材料。积有如牛的吃草，渐有如牛的反刍。积的心理状态是穷搜远绍，较量锱铢。渐的心理状态是心平气静，从容寻绎。在寻绎中有反省，在反省中再寻绎。这样才可去芜存菁，化零成整，使材料所含的意味，浃洽于心。于是平日所积的，不再是以材料呈现，而是以它的意味呈现。

至此，它都是某时代某人物的再生，而不再是死物。这也可以说是"神明自得"。但渐必须来自积。不仅腹内空空，说不上渐；并且渐的自身也是不断的积；断无由一旦之渐，即可养成识力之理。必须积而又积，渐而又渐；积以终身，渐以终身。由积与渐的功力之差异，表现于文章时，是尖新、奇崛、平凡的伟大三者间的差异。至于不积不渐，臆说妄言，纵能取宠一时，但在学术上不仅不入流，且常为学术中的一蠹。

这里还要补充三点。（一）是在识力未养成以前，积应从古典性底大家名家入手。我常告诉学生，一钱两钱的金戒指可以算是"家当"，一两二两的铜手镯，便不一定可以算是"家当"。（二）是积从一点一滴着手，并不是说初学时是如此，以后便可大而化之；而是一生中每读一部重要的书，每遇一个值得谈的问题时，都是从一点一滴着手，不过因识力之不同，而所谓点滴的着眼也自然不同。（三）是至今尚有势力的乾嘉学派，都是由字句的点滴着手，许多人一生从事于此，这也是一种积。但他们中成就高的，也只是积得一些零散的铜币。铜币纵然积了一屋子，但手上能拿出用的总只有这些，能做出什么？真正积钱，是由硬币积成纸币，由纸币积成能兑现的支票。这在学问上，是由训诂、校勘积而成考据，由考据积而成思想。今日，竟有标榜只谈训诂、校勘、考据，而以谈思想为大戒的学派。我敬重其中的一些态度诚实的朋友，但对学问而言，"磨砖作镜"恐怕永远不能见佛了。

薛君顺雄，过去侍东海大学讲席时，并未引起我特别注意。毕业旅行到日月潭，晚间我偶然问到他的毕业论文时，他对王渔洋的"神韵说"，源源本本，作很有条理的陈述，使我心里感到歉疚。他年来执教东海大学，以其讲授及研究所得，发为文章，其援据之博，解析之深，每使我惊叹。其积累之功，为我所不逮。去岁八月，我在台北割治胃癌，他每周都来病榻相伴，辄为我谈诗词的新解，以解寂寞；其胜义常使病体为之朗快。稍嫌不足的，乃在"渐"的工夫上面。但这在今天，已足端正空疏的学风，医治陈腐的滥调而有余了。他把年来所写的文章，汇印为《卧云山房论文稿》行世，问序于我，爱书此以答之。薛君年方壮，其人品足以推进其积与渐之功，则此后的成就，正未可以今日为量。

一九八一年六月徐复观序于纽泽西客次

一九八一年七月五日《华侨日报》

　　　　　　　　　　　　　青年与教育

孔子当然姓孔

我读到十一月九日《中央日报·晨钟版》刊出魏子云先生《孔子不姓孔》的短文，其中并引有孔达生先生的谈话作证，当时感到有些惘然。十一月十七日《中央日报·晨钟》又刊出毛子水先生《孔子不姓孔么？》的短文，说"从纯学术的立场，我们自然同意魏子云先生的话，'因生赐姓，胙土命氏'的说法，见于《春秋左氏传》，不论传文的意义怎样讲，姓与氏各有分际，是不能不分辨的"，"不过我现在要借这个机会替汉代的太史公说几句话……"以后便说《史记》中的"姓×氏"（例如说孔子"姓孔氏"），"那样不通的语句"，"必是太史公那时习俗所常用的"，所以也"是很正常的"。毛先生在短文中，没有明说孔子到底姓孔不姓孔，我推测，他的本意是想说站在"纯学术的立场"，孔子不姓孔；但从汉时的习俗立场说，孔子也不妨姓孔。大概因毛先生的世故太深，在文章中，不肯把自己的意思说清楚，只好由我来推测。也或许我完全推测错了。但不论如何，因毛先生这篇短文，引起我写这篇文章的兴趣。

魏先生的意思是因为孔子的先世弗父何，是宋闵公之子；宋为殷后，是姓"子"，孔子也应当是姓"子"，"孔"则是他的氏而非他的姓，所以说孔子不姓孔。但我从"纯学术的立场"，断言孔子是能姓孔而不能姓子。

不仅由一个名词所代表的观念，在历史中会有演变；由一个名词所指向的事物，在历史中也会有演变。许多问题陷于混乱状态，多由不了解这种演变而来。纯学术工作的目的之一，便在说明某问题在历史中演变之际，以澄清积累下来的混乱。我在十年前，写了一篇《中国姓氏的演变与社会形式的形成》（此文收在《两汉思想史》卷一）一长文的前半部，正是为了此种目的所写的文章之一。

我的文章，是以考证为基础的。考证的结果，知道姓与氏，进入到战国时代，经过了三阶段的大演变。而氏则由周初下逮战国时代，又经过了四个阶段的小演变。下面只简述我考证的结果，怀疑我的结果的先生们，希望先翻阅我的原文，再提出针锋相对的讨论。

在西周以前，氏和姓，都是各部落各集团的政治权力的符号；此种符号，只能由他们的领袖代表，由他们的领袖使用，旁人无此权力。在中国周围的少数民族，未受中国姓氏制度影响的，一直到清初，可能一直到现在，还是如此。同时，当时的姓，仅代表一个血统集团；氏则可以代表一个以上的血统集团；氏包括姓，姓不能包括氏。"氏"等于"国"，这一点，刘文祺、刘师培已经说出了。魏子云先生引的《左传·隐八年》"因生赐姓（血统），胙土命氏（国）"，只能由这一角度去了解，与孔子到底姓不姓孔的问题，并无关系，有关系的是这两句话后面的几句话。

到了西周初年，开始把姓与氏和宗法制度相配合，姬姓由周王代表。周王将他的别子分封出去时，赐土赐姓，分封的人君及他的继承人（嫡长子），可以代表姬姓，而成为"百世不改之宗"。但人君的庶子，只能称"公子""公孙"以表示他与人君的关系，虽属于姬姓，但不能使用姬姓，所以春秋前期，出现了些无姓无氏而只有名字的贵族。这些人到五服亲尽，就成为"庶姓""子姓"。若是有功的庶子，人君便以他祖父的名字赐他为某氏，使他成为这一支之长，以自成一族；所以此时的氏，成为姓的一个支派。

到了春秋中期以后，各国的权力下移，不仅许多贵族成为平民，而由周室赐土赐姓的诸国，也多归于覆灭，于是姓与氏的宗法关系、政治关系也因之解纽，形成了姓与氏的平等及氏的独立性。进入战国，平民中不仅有了由传统而来的姓与氏，并且平民也纷纷自命为氏，这类的氏，更与姓毫无关系，而出现姓氏不分的现象。

为了使上面所说的易于明了，应再简述氏的四个阶段的演变。周初到春秋初期，赐氏是一种特典。到了春秋中期，则凡属贵族须一律赐氏，赐氏成为例行之事。春秋中期以后，则贵族自命为氏，于是氏与姓只有历史的联系，没有现实的联系，氏不再是姓的一支。春秋末期以后，"姓"的权威性已扫地无存；由有氏无氏的贵族平民之分也不复存在，于是平民中活力较强的，也纷纷自命为氏，或自命为姓，氏姓不分。此一动向，至西汉中期前后而始完成。也即是说，到了西汉中期前后，每一人皆成为有姓之人。

姓氏演变的结果，姓氏由宗支的关系，变为平行的关系，并普及于平民，因之姓氏不分。王充《论衡·诘术》篇说"古者有本姓，有氏姓"。站在演变的结果说，由政治遗留到民间的姓，固然是本姓；自始即自命为姓的，也是本姓。由传统的氏而来的是氏姓；先自命为氏，因姓字流行较广而即以氏为姓的也是氏姓。《史记》中多数人的传记只称姓名，仅少数人称为"姓×氏"；由此可以了解，史公的这种说法，不是来自当时的俗语，而是说某人系以其氏为姓。"姓孔氏"，是说孔子系以"孔氏"的氏为姓。过去的人不了解这一点，所以说史公的这种说法不合理。

现在落到孔子的姓的问题上面。

周武王把商帝乙之子微子启封于宋，按照胙土赐姓的成例，当然也把代表商王朝政治权力符号的"子"姓也赐给他。据东汉王符所著《潜夫论·志氏姓》第三十五，由宋子姓所分出的氏从"宋孔氏"起，到"司马氏"止，共有五十一氏。又说"闵公子弗父何生宋父，宋父生世子，世子生正考父，正考父生孔父嘉，孔父嘉生子木金父，木金父降为士，故曰'灭于宋'。金父生祁父，祁父生防叔，防叔为华氏所逼，出奔鲁，为防大夫，故曰防叔；防叔生伯夏，伯夏生叔梁纥为邹大夫，故曰邹叔纥，生孔子"。在上述世系中，孔子的先世，既不能使用子姓，所以无姓，也未曾赐氏，所以也无氏。而木金父降为士，即是降为国人（平民之德于国中者），更不能使用子姓。《元和姓纂》云"正考父生孔父嘉，子孙以王父字为氏"。以孔父嘉为王父，应当是祁父，祁父的父亲木金父已降为士，则以孔父嘉的孔字为氏乃在降为士之后，这是他们自命的氏名，以便自成一族。所以孔氏的氏名，一直到孔子而始显。如前所述，自命之氏，尤其是以国人身份自命之氏与子姓的姓，没有宗支的关系，可以说是独立性的氏，更不能自认为姓子。平民独立性的氏，与失掉政治权威以后的姓，是平行而可以互用的；所以春秋末期以后，由氏到姓，只是顺随世俗而改称，没有实质上的分别。怎能说孔子不姓孔而是姓子呢？这种翻案，在姓氏上会引起大混乱。因为古代的姓，都蕃演出很多的氏；这些氏，到了春秋末期以后，都或早或迟地成为姓了，怎么能回头去改为春秋中期以前，氏所自出的姓呢？这在当时的封建政治社会制度中，要改也是不被允许的。

一九八一年十一月二十八日《中国时报》